# ROCK AM GRILL

THE BOSSHOSS

Fotos
Pascal Bünning (People)
Hubertus Schüler (Food)

südwest

# TRACKLIST

TRACKLIST

# EIN GRILLBUCH MIT THE BOSSHOSS!

Warum das denn? Weil wir Bock drauf haben. Weil wir das schon immer wollten. Weil wir Cowboys sind. Weil wir gerne mit unseren Kumpels zusammensitzen, was Schönes auf den Grill legen – egal ob Fleisch oder Gemüse – und ein Bierchen zusammen trinken. Unsere Band besteht aus Freunden, wir sind schon sehr lange gemeinsam unterwegs und wir haben uns immer noch viel zu erzählen.

Los, Leute, ladet euch Freunde ein, kauft gute Lebensmittel, holt die richtigen Drinks dazu und schart euch um den Grill. So ein Barbecue ist ein bisschen wie in einer Band spielen – eine gute Gelegenheit, Zeit miteinander zu verbringen, mal vom Alltag abzuschalten und ein bisschen gemeinsam in die Glut zu schauen. Miteinander Spaß haben und auch noch satt werden, was könnte es besseres geben?!

Und kreativ ist Grillen natürlich auch. Neben Technik und Timing geht es auch immer um die Kombination der Zutaten, um die Gewürze oder Marinaden. Wir haben bei der Zusammenstellung der Gerichte darauf geachtet, dass Fleischliebhaber zum Zug kommen, dass aber auch genügend Gemüse im Angebot ist oder ein Halloumi-Burger. Und unser veganer Drummer Ansgar hat ebenfalls ein paar Rezepte beigesteuert, die auch Nicht-Veganer gut finden werden. Zum Beispiel sein karamellisierter grüner Spargel mit Kirschtomaten ist ein echter Knaller bei unseren Grill-Events.

Falls irgendjemand glaubt, dass wir Cowboy-Rocker keinen Wert auf gute Ernährung legen und schon mit einem simplen Big Mac zufrieden sind, der täuscht sich. Klar, in der Anfangszeit der Band waren die Burger oder Pizzen aus der Mikrowelle an der Autobahnraststätte nicht das Schlechteste, was wir zwischen die Zähne bekamen. Unsere ersten Jahre on the road waren nicht gerade gesunde Zeiten mit viel billigem Fast Food. Das ist zum Glück vorbei. Inzwischen achten wir viel mehr auf uns und so gibt es beim Catering backstage dann auch Nüsse oder Trockenobst, Avocados und anderes Fitnessfood, weil gute Ernährung ja auch viel mit Leistungsfähigkeit zu tun hat. Wenn wir vor 12.000 Leuten auf einer Open-Air-Bühne stehen, dann muss man schon hellwach sein. Und da hilft gutes, gesundes Essen.

Auch privat interessiert sich jeder von uns fürs Essen, gemeinsam mit der Familie, mit Freunden. Alleine essen macht nicht glücklich, und deswegen gibt es auch nichts Besseres, als an einem Sommerabend den Grill anzuschmeißen, ein kaltes Bier aufzumachen und abzuwarten, bis das Grillgut einen wunderbaren Duft verbreitet.

In diesem Buch wird nicht nur gegrillt, wir haben auch ein paar Bonustracks für euch an Bord, kleine Artikel, in denen ihr ein bisschen mehr über uns persönlich und unsere Band erfahrt. Wir haben sie „passend" bei den einzelnen Food-Kapiteln platziert. Der Mann für die „Classics" ist Sascha, der Elvis-Fan. Alec steht für die Gerichte mit besonderer Würze („Finger lickin' tasty"). Malcom ist als Brite natürlich mit Fish & Chips aufgewachsen („Fishing for Compliments") und Stefan hat schon früh sein Brot mit Musik verdient („Brot & Spiele"). Ansgar lebt heute glücklich ohne Fleisch („Happy without Meat") und André als unser Jüngster erzählt seine Story nach „Sweets for my Sweets". Bleibt noch Tobi mit seinen Wurzeln in Madagaskar. Er verrät ein paar Details über sein Leben bei den würzigen „Saucen & Marinaden" beziehungsweise vor den coolen Drinks.

Probiert unsere BBQ-Klassiker und anderen Rezepte mit und ohne Fleisch aus und habt beim Grillen eine gute Zeit! Wir sehen uns dann auf einem unserer Konzerte! Keep rockin'!

# BBQ KNOW HOW

Grillen oder das Garen von Lebensmitteln über dem offenen Feuer ist eine Wissenschaft für sich. Obwohl es die wohl ursprünglichste Form des Garens ist, gehen die Meinungen und Geschmäcker bezüglich der Art des Grillens weit auseinander. Die Frage, ob Holzkohle- oder Gasgrill, ist dabei oft das kleinste Problem. Vielmehr stellt sich bei den Grillmeistern die Frage: Was wird wie gegrillt? Wie gelingt das perfekte Steak? Welche Rubs, Marinaden oder Röstaromen heben den Geschmack des Fleisches ganz besonders gut hervor? Wird bei direkter oder indirekter Hitze gegrillt? Mit Deckel oder ohne? Und wie lange überhaupt?

Die Fragen, die man sich zum Thema Grillen stellen kann, scheinen einfach kein Ende nehmen zu wollen. Neben all diesen verschiedenen Theorien und Philosophien sollte jedoch eins nicht vergessen werden: Grillen bedeutet vor allen Dingen geselliges Beisammensein und gehört nicht ohne Grund zu den weltweit beliebtesten Freizeitbeschäftigungen. Und genau das sollte doch auch im Vordergrund stehen, wenn es ums Grillen und die Rezepte geht. Am Ende zählt, dass es allen schmeckt! Weil ein bisschen technisches Know-how sowie Tipps und Tricks nie schaden können, hier ein kleiner Überblick:

## HOLZKOHLEGRILL

Viele Grillmeister schwören auf den klassischen Holzkohlegrill. Die Kohle und der entstehende Rauch verleihen dem Grillgut den so typisch rauchigen Grillgeschmack, ganz egal, ob es sich dabei um Fleisch, Fisch oder Gemüse handelt. Zudem sind beim Holzkohlegrill viel höhere Temperaturen möglich als beim Gasgrill.

Der Holzkohlegrill kann zum einen mit klassischer Holzkohle oder auch mit Briketts betrieben werden. Während die Holzkohle schnell brennt und nach etwa 25 Minuten durchgeglüht ist, sind Briketts erst nach circa 45 bis 50 Minuten grillfertig. Dafür hält sich die Hitze aber auch für gute zwei Stunden schön konstant, während die Hitze bei der Holzkohle nach einer Stunde bereits deutlich nachgelassen hat. Wichtig bei beiden: auf gute Qualität achten. Das sogenannte FSC-Siegel (Forest Stewardship Council) zeigt, dass Kohle oder Briketts aus nachhaltiger Waldwirtschaft stammen.

Im Gegensatz zum Gasgrill benötigt man beim Grillen mit Kohle oder Briketts deutlich mehr Zeit und auch Erfahrung. Die Kohle muss gut durchgeglüht sein, bevor man das Grillgut auflegen kann, und oftmals kann schon das Anfeuern ein paar Schwierigkeiten bereiten. Dennoch – Hände weg von Brennspiritus und Co.! Wer den Anzündvorgang und das Durchglühen der Kohle unbedingt beschleunigen möchte, der greift am besten zu einem sogenannten Anzündkamin. Durch den Kamineffekt werden die heißen Gase nach oben gesaugt und das Brennmaterial glüht nicht nur schneller, sondern auch gleichmäßig von unten nach oben durch.

Eine weitere Schwierigkeit beim Holzkohlegrill ist die, den richtigen Abstand vom Grillgut zur heißen Kohle herauszufinden. Es besteht einfach immer die Gefahr, dass Fleisch oder Fisch von außen verbrennt, während es oder er innen noch nicht durchgegart ist. Die Kohle sollte daher auch eher in der Mitte des Grills zentriert werden, sodass Ruhezonen am Rand entstehen, die nicht ganz so heiß sind, beziehungsweise wo das Grillgut nicht der direkten Hitze ausgesetzt ist. Auch häufiges Wenden ist beim Holzkohlegrill hilfreich.

Ein Holzkohlegrill sollte immer auf einem ebenen und nicht brennbaren Untergrund stehen sowie möglichst auf einer großen und offenen Fläche im Freien. Nach dem Grillen mit Kohle oder Briketts ist es wichtig, die Asche vollständig erkalten zu lassen. Zur Sicherheit sollte sie frühestens nach zwölf Stunden im Restmüll entsorgt werden.

## Gasgrill

Der Gasgrill ist im Vergleich zum Holzkohlegrill die saubere Variante. Es entstehen nicht nur weniger Rauch und Qualm, womit die Gefahr der Belästigung für Nachbarn gleich geringer ist, sondern auch weniger Schmutz durch das Fehlen der Kohle. Auch in Sachen Zeit punktet der Gasgrill gegenüber dem Holzkohlegrill. Einmal aufgebaut, ist der Grill im Nullkommanix heiß und kann Dank eingebauter Temperaturregelung beliebig lange eine konstante Hitze halten. Zumindest solange das Gas reicht. Durch die einfache Temperaturregelung lassen sich Fleisch und Fisch gerade für Grill-Anfänger leichter auf den Punkt garen. Insbesondere Fisch und feines Grillgut eignen sich aufgrund der einfach regulierbaren Hitze besonders gut für den Gasgrill.

Einzig beim Anschließen und/oder Wechseln der zuführenden Gasleitung sollte man sich gegebenenfalls Unterstützung vom Fachmann holen, da Gas immer auch ein gewisses Risiko birgt.

Nachteil beim Gasgrill: Der durch die Holzkohle entstehende typisch rauchige Geschmack des Grillguts fehlt hier. Und jetzt mal ehrlich: Echte Kerle und toughe Ladys wollen doch zündeln, oder!

## Direktes Grillen

Beim direkten Grillen ist die Hitzequelle direkt unter dem Grillgut. Es eignet sich vor allem, um das Grillgut mithilfe

von starker Hitze schnell auf den Garpunkt zu bringen. Außerdem bildet sich aufgrund der hohen Temperaturen eine äußere Kruste am Grillgut, sodass ein Austreten des Saftes verhindert wird. Insbesondere Fleisch bleibt somit schön saftig. Allerdings muss man das Grillgut beim direkten Grillen gut im Auge behalten, da die Gefahr des Verbrennens hier besonders groß ist.

## Indirektes Grillen

Beim indirekten Grillen befindet sich die Hitzequelle seitlich beziehungsweise versetzt unter dem Grillgut. Die Hitzezufuhr ist also deutlich geringer als beim direkten Grillen. Die Hitze steigt nach oben und wird durch das Auflegen des Grilldeckels gewissermaßen reflektiert. Es entsteht eine Art „Umluft“, wodurch auch größere Fleischstücke gleichmäßig durchgaren können, ohne Gefahr zu laufen, an der Außenseite zu verbrennen. Durch die gleichmäßige und umluftartige Hitzezufuhr muss das Grillgut beim indirekten Grillen meist auch nicht gewendet werden.

## Mit Deckel oder ohne?

Deckel, wie sie Kugelgrills zum Beispiel haben, sorgen – ähnlich wie beim Backofen – für eine Rundumhitze. Dies ist gerade für größere Fleischstücke und auch beim indirekten Grillen von Vorteil. Lüftungsschieber im Deckel dienen zur Regulierung der Hitze. Sind sie offen, fängt die Kohle an zu glühen und die Temperatur im Grill steigt. Sind die Lüftungsschieber zu, sinkt die Temperatur im Grill und der Kohle geht irgendwann der Sauerstoff aus.

## Grillzubehör

Hier reicht die Sparte von „very basic“ über „fancy“ bis hin zu „high end“. Es gibt nichts, was es nicht gibt, und das, was man wirklich braucht, hängt sicherlich auch vom (eigenen) Anspruch an den Grillmeister ab. Es gibt allerdings ein paar Dinge, die das Grillen nicht nur erleichtern, weil sie nützlich und hilfreich sind, sondern auch, weil sie dem Schutz und der Sicherheit dienen und somit wichtig sind.

**Grillhandschuhe:** Als Schutz vor der starken Hitze empfiehlt es sich zumindest für den zuständigen Grillmeister, feuerbeständige Handschuhe zu tragen.

**Grillschürze:** Sie dient dem Grillmeister, genau wie die Grillhandschuhe, zur eigenen Sicherheit und kann, je nach Modell, auch sexy sein.

**Grillzange:** Eine Grillzange ist üblicherweise deutlich länger als eine normale Fleischzange. Sie dient zum Wenden des Grillguts und verhindert auch, dass man der Hitze beim Wenden zu nah kommt. Fleisch und Wurst sollten grundsätzlich besser mit einer Zange und nicht mit einer Gabel gewendet werden. Durch das Einstechen der Gabel kann Saft aus dem Fleisch austreten und das Fleisch am Ende trocken werden.

**Fleisch-/Grillthermometer:** Ein Thermometer ist insbesondere beim Garen von größeren Fleischstücken äußerst hilfreich. Mit dem Fleischthermometer misst man die Kerntemperatur des Fleisches und weiß so, wann es den gewünschten Garpunkt erreicht hat. Das Grillthermometer hingegen gibt an, welche Hitze der Grill hat. Das hilft, wenn im Rezept zum Beispiel eine Garzeit von 20 Minuten bei 130 Grad Celsius angegeben ist.

**Pizzastein:** Ein Pizzastein, zum Beispiel aus Schamotte, kann zum Backen von Pizza, Flammkuchen oder Calzone auf dem Grill verwendet werden. Das Prinzip ist das gleiche wie im Backofen, mit dem Unterschied, dass der Pizzastein auf dem Grill sehr viel schneller heiß und meist auch heißer als ein Ofenblech wird.

**Gusseiserne Pfanne:** Für einige Rezepte in diesem Buch wird eine gusseiserne Pfanne benötigt. Der Grill dient hier als Herdersatz, und die Zubereitungsarten werden somit vielfältiger und abwechslungsreicher.

**Spieße:** Grundsätzlich funktionieren alle Rezepte, bei denen Spieße benötigt werden, sowohl mit Holz, als auch mit Spießen aus Metall. Holzspieße sollten immer mindestens 30 Minuten vorher in Wasser eingeweicht werden, damit sie beim Grillen nicht verbrennen. Im Gegensatz zu Spießen aus Metall müssen sie nach einmaligem Gebrauch entsorgt werden.

## Den Grill reinigen

So gesellig das Grillen auch ist, so viel Spaß es auch macht, auf das lästige Reinigen von Grill und Rost im Anschluss hat kaum einer Lust. Da nach dem Grillen aber vor dem Grillen ist, sollte man zumindest ein bisschen Zeit in die Reinigung investieren.

Wer den Rost bereits vor dem Grillen mit etwas Oliven- oder Sonnenblumenöl einpinselt, erleichtert sich die Arbeit hinterher. Das Grillgut bleibt nicht so leicht am Rost kleben und lässt sich leichter wenden. Den Rost hierfür gleichmäßig und nur mit wenig Öl einpinseln, damit das Fett nicht in die heiße Glut tropft und diese aufwirbelt.

Den gut abgekühlten Grillrost am besten über Nacht in Wasser einweichen, eventuell unter Zugabe von etwas Apfelessig. Die am Rost festklebende Kruste hat so genügend Zeit, weich zu werden, und lässt sich am nächsten Tag leichter entfernen.

Um den Grillrost sauber zu schrubben, eignet sich am besten eine Drahtbürste. Auch hartnäckiger Schmutz lässt sich damit problemlos lösen.

## FLEISCH IST EIN STÜCK LEBENSKRAFT

So lautete früher ein Slogan der Fleischindustrie. Doch die vielen Lebensmittelskandale in den letzten Jahren, die zum Teil unwürdigen Haltungsbedingungen von Tieren, die einmal quer durch Europa gefahren werden, um dann in Folie verpackt zu Schleuderpreisen beim Discounter zu landen, lassen den Spruch heute fast wie einen schlechten Witz klingen.

Das Thema Fleisch ist äußerst sensibel. Auf der einen Seite gibt es die Fleischliebhaber, für die ein Essen ohne Fleisch einfach kein richtiges Essen ist. Auf der anderen Seite stehen die absoluten Fleischgegner oder die Verfechter der veganen Szene, die ganz auf tierische Produkte verzichten. Wir sind da ganz offen, auch unser Band-Veganer Ansgar will niemanden bekehren.

## QUALITÄT, QUALITÄT, QUALITÄT

Was uns wirklich wichtig ist: die Qualität, die Herkunft des Fleisches, die Lebensbedingungen der Tiere. Es gab schon einen Grund, warum Oma einen Sonntagsbraten servierte und es unter der Woche bis auf Reste des besagten Bratens kein Fleisch gab. Fleisch war teuer. Ein Schwein wurde dann geschlachtet, wenn es „reif" war und nicht mit Hormonen zu schnellerem Wachstum hochgespritzt.

Unsere große Bitte: Spart nicht am falschen Ende, denn Qualität schmeckt auch. Und die hat ihren Preis. Es muss nicht immer bio sein, aber fragt den Metzger eures Vertrauens, er wird euch sagen, woher sein Rind- und Schweinefleisch oder das Geflügel kommen. Und lasst euch beraten, welches Stück sich am besten für euer Grill-Event eignet. Will man es schön mager oder lieber durchwachsen mit krachenden Kruste? Was ist beim Würzen und Marinieren zu beachten?

## DO YOU BARBECUE?

Barbecue klingt lässiger als Grillen, oder? Über den Ursprung des Wortes gibt es verschiedene Theorien. Erstmals wird es im mexikanischen Spanisch schon im 16. Jahrhundert erwähnt. „Barbacoa" war die Bezeichnung für ein Holzgerüst, auf dem Fleisch über dem offenen Feuer zubereitet wird. Barbecue, wie wir es heute kennen, hat eine starke Tradition vor allem in den Südstaaten der USA, so auch entlang des Mississippi, wo unter anderem Elvis herstammt. Passt also zu The BossHoss wie die Faust aufs Auge.

Manchmal kann man auch lesen, dass Barbecue auf die französischen Begriffe „barbe à queue" – sozusagen von Bart bis zum Schwanz – zurückzuführen ist. Das würde durchaus zu dem auch von der französischen Sprache geprägten Süden der USA passen. Mitte des 19. Jahrhunderts eroberte das Grillen unter freiem Himmel auch die amerikanischen Städte Amerikas, in Europa kam der Trend in den 1960er- und 1970er-Jahren an. Heute werden allerdings eher einzelne Teile von Schwein oder Rind zubereitet. Im Folgenden eine kleine Warenkunde, aber auch hier gilt: Fragt am besten den (Bio-)Metzger eures Vertrauens.

## RINDFLEISCH

Die Marmorierung und die Farbe sagen viel über die Fleischqualität aus. Bei jüngeren Tieren ist sie heller, bei älteren dunkler. Kalbfleisch sollte rosa bis hellrot sein, das von Jungbullen hell- bis mittelrot, Ochsen- und Färsenfleisch kräftig rot. Wichtig: Dunkles Fleisch erwachsener Kühe ist zum Grillen nicht geeignet. Fettmaserung (Marmorierung) im Muskelgewebe gibt dem Fleisch einen feinen Geschmack und es sorgt auch dafür, dass ein Steak saftig und zart ist. Der Fettanteil ist Geschmackssache und das magerste Fleisch ist nicht unbedingt das beste. Rindfleisch sollte übrigens mindestens 14 Tage im Kühlhaus gereift sein. Auch hier am besten den Metzger fragen.

Zum Grillen geeignet sind vom Rind: Rinderfilet, Hüftsteak, Entrecôte, Roastbeef und Rib Eye (Hochrippe). Das Roastbeef stammt aus der Rinderlende.

## GEFLÜGEL

Hähnchenfleisch ist fettarm und mager. Mit wenigen Ausnahmen ist Geflügelfleisch hell (rosa bis hellrot), Maishähnchen haben eine gelbliche Farbe. Auch hier gilt (nicht nur bei Grillgut): Finger weg von billiger Supermarktware oder Tiefkühlartikeln.

## SCHWEINEFLEISCH

Gutes Schweinefleisch enthält nicht viel Wasser. Im Anschnitt ist es trocken und elastisch und weist eine klare rote Farbe auf. Filetstücke gelten als das Beste vom Schwein. In den USA wird es Tenderloin genannt. Perfekt gegrillt ist es außen knusprig und innen rosa. Schweinerücken wird für unterschiedliche Steaks verwendet, Schweinenackensteaks werden aus dem Hals beziehungsweise Kamm des Schweines geschnitten. Es ist stark marmoriert, hat einen hohen Anteil von intramuskulärem Fett, was für einen besonderen Geschmack sorgt. Bei Koteletts bleibt der Knochen am Fleisch, wodurch das Aroma sich verbessert. Bei dem Kotelett wird vor dem Grillen die Schwarte vom Fettrand entfernt. Der Fettrand selbst ist wichtig für den Geschmack. Spareribs gehören zu den absoluten Barbecue-Klassikern. Sie werden langsam bei indirekter Hitze gegart. Sie sind perfekt, wenn sich das Fleisch problemlos vom Knochen löst.

## GRILLWÜRSTE

In der Regel sind Würste aus Schweinefleisch gemacht; das im Fleischwolf (grob) oder im Kutter (fein) verarbeitet wird. Dabei werden Gewürze und bei feinen Würsten auch Eis beigemischt, das die Eiweißgerinnung verhindert. Bratwürste werden gebrüht oder roh verkauft. Achtet darauf, dass der Fettanteil nicht zu hoch ist.

„Echte“ Brühwürste wie Wiener oder Bockwürste sollten nicht auf dem Grill erwärmt werden. denn sie enthalten Nitritpökelsalz, das bei den hohen Grilltemperaturen in krebserregende Stoffe umgewandelt werden kann.

# THE BUTCHER'S GUIDE

## · CUTS OF PORK ·

| | |
|---|---|
| SNOUT | SCHNAUZE |
| EAR | OHR |
| HEAD | KOPF |
| JOWL | BACKE |
| NECK | NACKEN, HALS, KAMM |
| CLEAR PLATE | SCHULTERSPECK |
| BOSTON BUTT | SCHWEINESCHULTER |
| PICNIC HAM | VORDERSCHINKEN |
| BACK FAT | RÜCKENSPECK |
| LOIN | LENDE |
| SPARE RIBS | SPARERIBS |
| BACON | BAUCHSPECK |
| LEG OR HAM | HINTERSCHINKEN |
| HOCK | HAXE |

# THE BUTCHER'S GUIDE

## CUTS OF COW

| | |
|---|---|
| TONGUE | ZUNGE |
| CHEEK | BÄCKCHEN |
| NECK | NACKEN |
| CHUCK | KAMM, HALSGRAT |
| BRISKET | BRUST |
| SHANK | BEIN(SCHEIBE) |
| RIB | RIPPE |
| PLATE | BRUSTKERN |
| SHORT LOIN | ROASTBEEF, FILET STEAK |
| FLANK | SPANNRIPPE |
| SIRLOIN | HÜFTE |
| TENDERLOIN | FILET |
| TOP/BOTTOM SIRLOIN | LENDENSTÜCK |
| ROUND | OBERSCHALE UND UNTERSCHALE |
| OX TAIL | OCHSENSCHWANZ |
| SHANK | WADE |

# BBQ CLASSICS

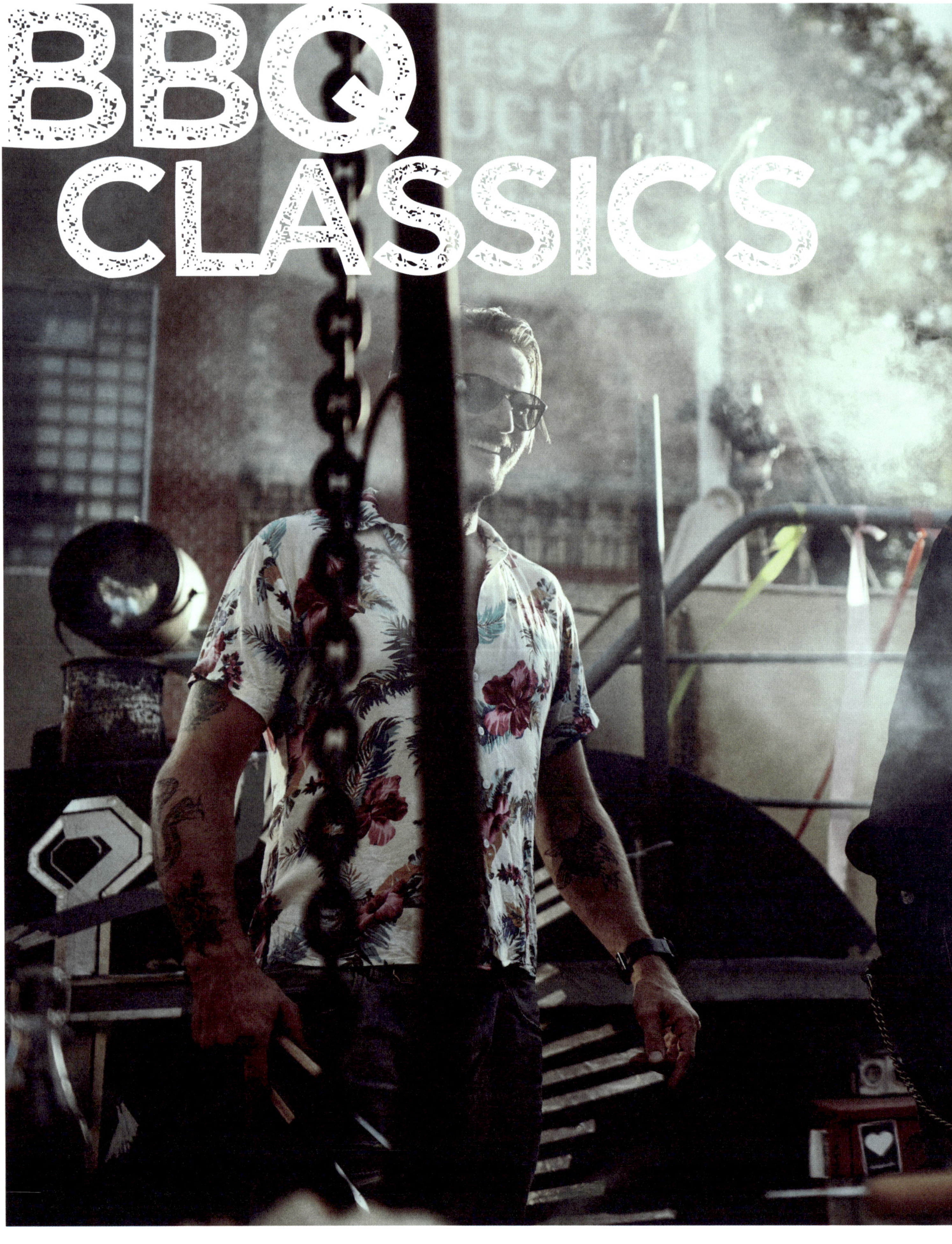

## Hit me like a Hammer

# TOMAHAWK STEAK COMANCHE

**Das Tomahawk Steak erinnert an das Kriegsbeil der Indiander und schmeckt am besten vom Holzkohlegrill! Die Glut sollte hier gleichmäßig durchgeglüht sein und rot glimmen.**

## ZUTATEN

- **1 Tomahawk-Steak mit circa 1,2 kg und 5 cm Dicke**
- **grobes Meersalz**
- **frisch gemahlener Pfeffer**
- **gutes Olivenöl zum Servieren**

**Außerdem: ein Fleisch- oder Grillthermometer**

## ZUBEREITUNG

1. Den Grill ordentlich einheizen und warten, bis die Kohle gleichmäßig durchgeglüht ist. Die Glut sollte wirklich richtig heiß sein und mindestens 220–250 °C haben.

2. Um das typische Grillmuster auf dem Fleisch zu erzeugen, wird das Fleisch zunächst nach der 90-90-90-90-Methode angegrillt. Dafür legt man das Fleisch für 90 Sekunden auf den heißen Rost, dreht es anschließend um 45 °C und grillt es für weitere 90 Sekunden. Dann wird das Fleisch gewendet und das gleiche Prozedere wird wiederholt.

3. Nachdem das Fleisch nun 6 Minuten angegrillt wurde, darf es bei indirekter Hitze zu Ende garen. Dafür legt man es an den Rand des Grills, setzt den Deckel auf und schließt die Lüftung.

4. Die Garzeit für ein so großes Stück Fleisch beträgt mindestens 2 Stunden. Das Fleisch ist „medium" gegart, wenn die Kerntemperatur knapp über 50 °C liegt (Fleisch- oder Grillthermometer).

5. Das Fleisch auf ein großes Brett setzen und vor dem Anschneiden etwa 15 Minuten ruhen lassen. Mit grobem Meersalz, frisch gemahlenem Pfeffer und feinstem Olivenöl servieren.

| | |
|---|---|
| **Zubereitungszeit:** | **5 Min.** |
| **Grillzeit:** | **ca. 2 Std. und 6 Min. + 15 Min. Ruhezeit** |
| **Beer:** | **Bockbier z.B. Weisser Bock (Mahrs Bräu)** |
| **Wine:** | **Cabernet Sauvignon, Tempranillo, Grenache** |
| **Whiskey:** | **Knob Creek, straight Bourbon** |

SOUNDTRACK ZUM GRILLEN

**Link Wray:**
**Comanche**

**Reverend Horton Heat:**
**Eat Steak**

MEAT

# Chicken Wings „Ernesto“ mit Avocado-Colorado Dip

## ZUTATEN

**Für die Chicken Wings:**

- 1 kg Chicken Wings „bone in“, also mit Knochen
- 1 TL Salz
- ½ TL Pfeffer
- 2 TL geräuchertes Paprikapulver
- 2 TL getrockneter Oregano
- ½ TL Cayennepfeffer

## ZUBEREITUNG

1. Die Hühnerteile unter kaltem Wasser abbrausen, anschließend mit Küchenpapier trocken tupfen.

2. Salz, Pfeffer, Paprikapulver, Oregano und Cayennepfeffer vermischen, anschließend zusammen mit den Hühnerteilen in einen Gefrierbeutel geben. Den Beutel gut verschließen, dann schütteln, sodass die Hühnerteile rundherum paniert werden. Den Beutel samt Hühnerteilen für etwa 3 Stunden im Kühlschrank kalt stellen.

3. Chicken Wings etwa 30 Minuten, bevor sie auf den Grill kommen, aus dem Kühlschrank nehmen. Grill vorheizen und die Chicken Wings zunächst bei direkter Hitze 5 Minuten „angrillen“, dabei gelegentlich wenden.

4. Anschließend die Chicken Wings bei indirekter Hitze, also am Rand des Grills und bei geschlossenem Deckel. in circa 25–30 Minuten fertig grillen. Zwischendurch wenden und beobachten, damit die Hühnerteile nicht verbrennen.

5. Vom Grill nehmen und mit dem Avocado-Ranch-Dip servieren.

**Für den Avocado-Ranch-Dip:**

- 1 reife Avocado
- je ½ Bund glatte Petersilie und Koriander
- 75 g griechischer Joghurt
- 1 EL Zitronensaft
- 1 TL Weißweinessig
- 80-100 ml Milch
- Salz
- frisch gemahlener schwarzer Pfeffer
- ½ TL brauner Zucker

1. Die Avocado halbieren, entkernen und das Fruchtfleisch mit einem Löffel aus der Schale heben. Avocado in einen Mixer oder ein hohes Gefäß geben.

2. Petersilie und Koriander waschen und trocken schütteln, die Blättchen abzupfen und grob hacken, dann zur Avocado geben.

3. Joghurt, Zitronensaft und Weißweinessig ebenfalls hinzufügen und das Ganze im Mixer oder mithilfe des Pürierstabs zu einem cremigen Dip verarbeiten. Dabei nach und nach etwas Milch hinzufügen, bis der Dip die gewünschte Konsistenz erreicht hat.

4. Den Dip mit Salz, Pfeffer und braunem Zucker würzen und zu den gegrillten Chicken Wings servieren.

| | |
|---|---|
| **Zubereitungszeit:** | **20 Min. + 3 Std. Marinierzeit** |
| **Grillzeit:** | **30 bis 35 Min.** |
| **Beer:** | **Lagerbier z.B. Goodbeer unfiltered (Tiny Batch)** |
| **Wine:** | **Grauburgunder, Chardonnay, Viognier** |
| **Whiskey:** | **Bernheim Wheat, Kentucky** |

SOUNDTRACK ZUM GRILLEN

**Jack Starr:**
**Chicken**

**The Planet Rockers:**
**Run Chicken Run**

# HONEY GLAZED SPARERIBS

**Mehr Barbecue geht nicht! Spareribs werden am besten bei indirekter Hitze und geschlossenem Deckel gegrillt. Nur so entsteht eine gleichmäßige Ober- und Unterhitze.**

## ZUTATEN

- **1 kg Spareribs (Rippchen vom Schwein)**
- **Salz**
- **frisch gemahlener schwarzer Pfeffer**
- **2 EL flüssiger Honig**
- **10 EL dunkle Sojasauce**
- **6 EL Tomatenketchup**
- **1 TL Paprikapulver, edelsüß**
- **¼ TL Chiliflocken**

## ZUBEREITUNG

1. Die Spareribs waschen und mit Küchenpapier trocken tupfen, anschließend mit Salz und Pfeffer würzen.

2. In einer Schüssel den Honig mit der Sojasauce, dem Tomatenketchup, dem Paprikapulver und den Chiliflocken verrühren. Spareribs mit einem Küchenpinsel von beiden Seiten mit etwas Marinade bestreichen, anschließend für circa 2 Stunden im Kühlschrank kalt stellen. Die restliche Marinade ebenfalls kalt stellen.

3. Den Grill vorheizen. Die Spareribs nun zunächst am Übergang von der direkten zur indirekten Hitze etwa 15 Minuten von jeder Seite „angrillen". Anschließend bei indirekter Hitze und geschlossenem Deckel für weitere 60–90 Minuten grillen. Zwischendurch immer wieder mit der restlichen Marinade bepinseln – so bleibt das Fleisch schön saftig.

4. Die genaue Garzeit ist stark abhängig von der Dicke des Fleisches. Mindestens 2 Stunden sollte man aber einplanen, gegebenenfalls etwas mehr.

**Alternative:** Rippchen für 1 Stunde bei 170 °C im Backofen vorgaren, danach noch bei indirekter Hitze für etwa 60 Minuten auf den Grill legen.

| | |
|---|---|
| **Zubereitungszeit:** | **10 Min. + 2 Std. Marinierzeit** |
| **Grillzeit:** | **mindestens 2 Std. oder 1 Std. Backofen + 1 Std. Grill** |
| **Beer:** | **Kellerbier z.B. AU (Mahrs Bräu)** |
| **Wine:** | **leicht gekühlter Rotwein (Italienisch oder Spanisch) mit wenig Tanninen & Säure** |
| **Whisky:** | **Dickel, Tennessee** |

SOUNDTRACK ZUM GRILLEN

**Barbecue Bob & the Spareribs:**
**Burnin' Hell**

**Tom Petty:**
**Honey Bee**

VIII

# FIRE-DANCING BEER-CHICKEN

## ZUTATEN

- 1 ganzes küchenfertiges Huhn, circa 1 kg
- 1 Dose dunkles Bier (0,33 l)
- 2 Zehen Knoblauch
- je 3–4 Zweige Rosmarin, Thymian und Salbei
- abgeriebene Schale von ½ unbehandelten Zitrone
- 4 EL Olivenöl
- Salz
- frisch gemahlener schwarzer Pfeffer

Außerdem: ein Grillthermometer

## ZUBEREITUNG

1. Zunächst den Grill einheizen. Während das geschieht, das Huhn unter kaltem Wasser waschen und mit Küchenpapier trocken tupfen.

2. 100 Milliliter vom Bier in eine große Schüssel geben. Den Knoblauch dazu pressen.

3. Die Kräuter waschen und trocken schütteln, anschließend die Blättchen beziehungsweise Nadeln abzupfen und fein hacken. Ebenfalls zum Bier geben.

4. Abgeriebene Zitronenschale und Olivenöl hinzufügen und alle Zutaten gut miteinander verrühren.

5. Das Huhn von innen und außen gut mit der Marinade einreiben, anschließend mit Salz und Pfeffer würzen.

6. Dann das Huhn auf die offene Bierdose setzen und bei geschlossenem Deckel etwa 45–60 Minuten grillen. Der Grill sollte eine Temperatur von 140–160 °C haben. Zwischendurch das Huhn gelegentlich mit der restlichen Marinade bepinseln.

| | |
|---|---|
| **Zubereitungszeit:** | **15 Min.** |
| **Grillzeit:** | **45 bis 60 Min.** |
| **Beer:** | **Helles z.B. Mista Callista Spezial (Tiny Batch)** |
| **Wine:** | **Riesling, Viognier, Manzoni Bianco** |
| **Whiskey:** | **Evan Williams, Kentucky** |

SOUNDTRACK ZUM GRILLEN

**Tyler Farr:**
**Chicks, Trucks and Beer**

**King Cab:**
**Beer Can Chicken**

# HOT BOOGIE DOGS WITH ONIONS

**Ein Klassiker neu aufgelegt! Am besten vorgebrühte Bratwürste nehmen, da diese bei direkter Hitze gegrillt werden können und somit schneller fertig sind. Rohe Bratwürste vertragen nur milde Hitze und brauchen entsprechend länger!**

## ZUTATEN

- **4 vorgebrühte Bratwürste**
- **4 Hotdog-Brötchen, ersatzweise jede andere Brötchensorte**
- **Zwiebelconfit von Seite 170**

**Außerdem: Grillzange**

## ZUBEREITUNG

1. Die Bratwürste im Abstand von jeweils 1 Zentimeter leicht einschneiden, so wird ein Aufplatzen beim Grillen verhindert.

2. Der Grill sollte schön heiß sein und die Holzkohle komplett durchgeglüht. Die Bratwürste bei direkter Hitze etwa 6–7 Minuten grillen, bis sie außen knusprig braun sind.

3. Die Hotdog-Brötchen nach Wunsch kurz am Rand des Grills erwärmen, dann der Länge nach einschneiden und mit Bratwurst und Zwiebelconfit füllen.

| | |
|---|---|
| **Zubereitungszeit:** | **5 Min.** |
| **Grillzeit:** | **6 bis 7 Min.** |
| **Beer:** | **Indian Pale Lager z.B. Goodbeer dryhopped (Tiny Batch)** |
| **Wine:** | **Grauburgunder, Chardonnay** |
| **Whiskey:** | **Four Roses, Single Barrel, Kentucky** |

SOUNDTRACK ZUM GRILLEN

**Hot Boogie Chillun: At least I'll try**

**Elvis Presley: Hot Dog**

# Cheesy Onion Cowboy Burger

## ZUTATEN

- 2 EL Butter
- 1 große und 1 kleine Zwiebel
- 3 EL warmes Wasser
- Salz
- 1 Ei
- 30 g altbackenes Weißbrot
- ½ Bund Schnittlauch
- 2 TL Dijonsenf
- 500 g Rinderhack
- frisch gemahlener schwarzer Pfeffer
- 4 Scheiben Cheddar- Käse
- 4 Burger Buns

## ZUBEREITUNG

1. 2 Esslöffel Butter in eine beschichtete Pfanne geben und bei mittlerer Hitze schmelzen lassen. Die große Zwiebel schälen, halbieren und in sehr dünne Scheiben schneiden. Zusammen mit 1 Esslöffel Wasser und 1 guten Prise Salz für 8–10 Minuten andünsten, bis die Zwiebel schön weich und glasig ist. Pfanne vom Herd nehmen und abkühlen lassen.

2. In einer kleinen Schüssel das Ei mit dem Wasser verrühren. Das Weißbrot würfeln, in eine etwas größere Schüssel geben und die Ei-Wasser-Mischung darübergeben. 5 Minuten stehen lassen.

3. Die kleine Zwiebel ebenfalls schälen und sehr fein hacken. Den Schnittlauch waschen, trocken schütteln und in feine Röllchen schneiden. Zwiebel, Schnittlauch, Senf und Hackfleisch zum Brot geben und kräftig mit Salz und Pfeffer würzen. Alles mit den Händen zu einer Masse verkneten, anschließend 4 circa 1 Zentimeter dicke Burger-Pattys daraus formen.

4. Den Grillrost mit 1 Esslöffel Öl einpinseln. Die Burger-Pattys auf dem heißen Grill am Übergang zwischen direkter und indirekter Hitze circa 5 Minuten pro Seite grillen, bis das Fleisch innen noch leicht rosa und schön saftig ist.

5. Die Burger-Pattys an den Rand des Grills legen und jeweils 1 Scheibe Cheddar daraufgeben. Den Käse bei geschlossenem Deckel leicht schmelzen lassen, anschließend zusammen mit den Zwiebeln auf die Burger Buns geben.

| | |
|---|---|
| **Zubereitungszeit:** | **30 Min.** |
| **Grillzeit:** | **ca. 10 Min.** |
| **Beer:** | **Helles z.B. Mista Callista Spezial (Tiny Batch)** |
| **Wine:** | **Teroldego, Shiraz, Grenache** |
| **Whiskey:** | **Jack Daniels, Single Barrel, Tennessee** |

SOUNDTRACK ZUM GRILLEN

**Barbecue Bob (Hicks): Barbecue Blues**

**The BossHoss: I like it like that**

# LONG LIVE ELVIS!

**Der 18. August 1977, Memphis, Tennessee. Ein Konvoi weißer Cadillacs rollt durch die Stadt, Tausende säumen die Straßen, um den Trauerzug des zwei Tage zuvor verstorbenen King of Rock 'n' Roll zu sehen.**
**Spätsommer 1977, Heidenheim an der Brenz, good old Germany. Ein kleiner Junge sieht am Bahnhof ein großes Plakat mit dem Gesicht eines Mannes mit Haartolle und liest darauf den Satz: „Elvis lebt!"**

## FAN FOREVER

Ich bin 1971 geboren. 1977 starb Elvis Presley. Damals kannte ich ihn noch nicht, aber zu dieser Zeit hing bei uns im Bahnhof in Heidenheim ein Riesenplakat und ich fragte meinen Vater: „Wer ist denn der Mann auf dem Plakat?" Er erklärte mir: „Das ist Elvis." Das war's. Als sei damit alles gesagt, als würde jeder diesen Mann kennen. Für mich war das erst einmal erledigt. Kurze Zeit später war ich mit meinen Eltern im Supermarkt. An der Kasse stand ein Aufsteller mit Musikkassetten. Auch welche mit dem Bild von dem Mann auf dem Plakat. Ich fragte, ob ich eine bekomme. Seit ich diese Kassette das erste Mal in den Kassettenrekorder gesteckt und auf Play gedrückt habe, bin ich Fan. Was mir Elvis bis heute bedeutet, habe ich auch in einem Song von The BossHoss verarbeitet. Der Song heißt „Still crazy 'bout Elvis" und ist auf unserem Album Liberty of Action von 2011 und erzählt die Story, wie ich mit 6 Jahren Elvis entdeckt habe.

## THE WAY IT IS

Musik war schon immer wichtig in meiner Familie. Mein Vater spielte Klavier und ich lernte schon vor der Einschulung ein bisschen Piano. Etwas später begann ich mit Geige, denn mein Großvater war Geiger. Er hatte auch eine Band, damals vor dem Krieg. Das inspirierte mich, und so spielte ich bald im Schulorchester. Mit 15 war dann Gitarre angesagt und ich hörte vor allem Elvis Presley. Auf meiner ersten Elvis-Kassette waren eher so die 1960er-Jahre, auch seine

Filmzeit. Die Filme fand ich cool, auch wenn sie natürlich ein bisschen naiv sind, mit Beach und Girls, Girls, Girls. Später fand ich das etwas albern, vor allem, als ich die ganz frühe Phase entdeckte. Die Sun-Recordings sind für mich bis heute Rock 'n' Roll pur. Diese Songs inspirierten mich, meine erste Band zu gründen, eine Rockabilly-Band. Da haben wir natürlich auch Elvis gecovert.

Damals konnte ich mit den Songs aus den 70er-Jahren von Elvis nix anfangen. Aber seit ein paar Jahren finde ich die späten 60er und die 70er fantastisch. Allen voran das Album That's the way it is. Nach Graceland und in die Sun Studios habe ich es leider noch nicht geschafft, obwohl ich schon in Nashville war, wo wir für unser Album von 2015 zur kreativen Schreibphase waren. Mein Plan war eigentlich gewesen, ein Motorrad zu mieten und nach Memphis zu fahren. Aber ich hab's dann zeitlich leider nicht geschafft. Es ist natürlich allerhöchste Zeit, endlich den heiligen Gral im Süden zu besuchen.

## HOT BOOGIE CHILLUN

Im Nachhinein war Heidenheim genau richtig, um eine Band zu gründen, etwas Kreatives anzufangen. Es gab keine großen Ablenkungen. Wir hatten einen kleinen Proberaum in einem Jugendzentrum, und das war unser zweites Zuhause. Damals war es super, dass wir uns in Heidenheim so enklavenmäßig einschließen und unseren musikalischen Grundstein legen konnten. Wir waren recht schnell in der Rockabilly-Szene drin und da ist es letztlich egal, wo man herkommt, weil die Szene gut vernetzt ist, auch im Ausland. Mit unserer Band Hot Boogie Chillun waren wir sehr viel auf Tour. Unsere erste LP erschien sogar bei einem englischen Label.

Mit dieser Band zog ich später nach Berlin, wir wollten richtig durchstarten. Wir waren auf Amerikatour, spielten in England, Italien, Spanien und wollten mehr draus machen. Wir wollten auch ein bisschen raus aus der Szene, die uns zwar eine Riesenchance und Plattform geboten hatte, aber auch recht überschaubar war. Die Band war damals ein Top-Zubrot zu meinem Job als Grafiker, aber ich wollte, dass Musik mein Hauptding wird. Das hat mit dieser Band leider nicht so geklappt. Also arbeitete ich weiterhin als Grafiker und blieb nebenbei mit der Band aktiv.

## ALEC & ME

Nach drei Jahren wechselte ich die Agentur, weil ich mich auch beruflich weiterentwickeln wollte, und lernte dort Alec kennen. Wir freundeten uns an und gingen nach Feierabend oft noch ein Bier trinken und sprachen über unsere Hobbys. Wir standen fast jeden Abend zusammen am Tresen oder trafen uns später auf meinem Dachboden mit Homestudio in der Kastanienallee. Da nahmen wir zum Spaß immer ein paar Songs auf. Eines Tages auch einen Countrysong. Den coverten wir so, wie wir ihn gerne hören wollten, also nicht allzu traditionell. Bei diesen Sessions entstand

der Sportsgeist, möglichst genrefremde Songs aus Pop oder Hip-Hop oder Rock im Countrystyle neu zu arrangieren. Schließlich brannten wir acht Songs auf eine CD und verteilten sie an Freunde. Die Kumpels fanden's schräg, aber auch cool. Wir nannten uns The BossHoss nach einem Song der Sixties-Band The Sonics, von denen ich ein großer Fan bin.

## HAVING A PARTY

In dieser Zeit entstand unser Studio in der Storkower Straße zusammen mit ein paar anderen Leuten, die ich von der Arbeit kannte. Wir gründeten dieses Studio, um neben unseren sonstigen Tätigkeiten noch ein Standbein zu haben. Neben Werbejingles und Werbemusik produzierten wir Bands. In diesen Studios feierten wir auch Partys und ließen Bands auftreten, die bei uns aufnahmen. Und so kam es, dass eines Tages unser Projekt The BossHoss an der Reihe war. Wir fragten unsere Kumpels aus anderen Bands, ob jemand Bock hätte bei der Party mit auf der Bühne zu stehen und zu spielen. Wir fragten auch unseren Mit-Studiogründer Ansgar, unseren heutigen Drummer. Auf der Party waren fast 250 Leute, Schweiß tropfte von der Decke. Der Auftritt war so ein Erfolg, dass wir an dem Abend dreimal unser Repertoire spielen mussten. Unter den Gästen war jemand von einem Berliner Club, der sagte uns: „Ihr spielt in meinem Club, ich buche euch!" Über einem dieser Club-Gigs kamen wir schließlich mit Universal in Kontakt, und die boten uns tatsächlich einen Plattendeal an. Das Ganze war ein Unfall, wir hatten nicht mal Demos verschickt oder an Türen geklopft.

## WHEREVER I LAY MY HAT

Unser Cowboy-Image war musikalisch schon ein bisschen vorprogrammiert, aber das ganze Erscheinungsbild war so nicht geplant. Manche denken vielleicht: Hey, die kommen aus der Werbung und haben da eine genaue Strategie. Das war nicht so, wir waren Grafiker, wir hatten mit bunten Bildern zu tun und saßen nicht in der Marketingabteilung. Als wir diese Idee mit The BossHoss hatten, war die Cowboy-Nummer ein Schenkelklopfer und Selbstläufer, auf dem wir dann immer wieder rumgehirnt haben. Nicht, weil wir irgendwohin wollten, sondern weil es einfach Spaß machte. Als klar war, dass wir auf der Studioparty live auftreten, wussten wir, dass wir da nicht einfach so in Jeans und Pulli rausgehen können. Wir beschlossen, dass wir da eine richtige Show draus machen: „Ja, lasst uns mal Hüte aufsetzen, ist ja Country. Wir reden und singen nur englisch ..." Es war wirklich nur ausgelegt für den einen Abend, um da eine möglichst geile Show abzuziehen. Und heute ist der Cowboystyle unser Markenzeichen.

## HOUND DOG

Ich muss mich heute selbst noch ab und zu kneifen, wie rasant sich das alles mit unserer Band entwickelt hatte. Trotzdem fängt man ganz klein an.

Am Anfang war es bei uns wie bei so vielen Bands eine Hundenummer. Wir pennten in räudigen Backstage-Räumen auf dem Fußboden, wurden um die Gage geprellt, hatten Pannen auf der Autobahn und ernährten uns auf Raststätten. Das haben wir heute hinter uns. Aber wir sind auch stolz, dass wir die ganze Mühle mitgemacht und überstanden haben. Denn das ist die Schule, das gehört dazu. Ich denke gerne an die Zeit, möchte aber nicht mehr zurück.

## FAMILY AFFAIRS

Wir Jungs von der Band kennen uns alle schon ewig lange. In der jetzigen Besetzung sind wir seit 2007 unterwegs. Bis auf einen Wechsel von zwei Leuten im Jahr 2007 sind wir seit 2004 in Originalbesetzung. Wir haben richtig viel zusammen erlebt, sind alle Kumpels und haben uns teilweise jeden Tag im Jahr gesehen. Entweder auf Tour oder abends in der Kneipe. Mittlerweile haben die meisten Familie und wir sind ein bisschen ruhiger geworden. Unser Studio ist aber immer noch unser zweites Zuhause. Dort hat fast jeder seinen Raum oder teilt ihn mit jemand anderem aus der Band. Da trifft man immer einen von den anderen.

Es gibt Phasen, in denen sehr viel los ist, und dann gibt's wieder Phasen, in denen wenig passiert. Da nehme ich mir dann komplett Zeit für die Familie. Aber selbst wenn viel zu tun ist, kann ich mir die Zeit ganz gut einteilen. Wie das eben bei Freiberuflern ist. Hauptsache, man kriegt den Job erledigt. Während einer Albumproduktion bin ich viel im Studio, kann aber auch mal sagen: Nein, heute bleibe ich mal einen ganzen Tag zu Hause und kümmere mich um meine Familie. Dafür mache ich später eine Nachtschicht. Es ist schon ein großer Vorteil, dass wir unser eigenes Studio haben.

## BIKES & BOATS

Neben der Musik habe ich zwei große Hobbys. Seit ich 15 bin, habe ich ein Zweirad unterm Hintern. Ich liebe es, mit dem Bike unterwegs zu sein. Und

vor fünf Jahren habe ich mir einen anderen Traum verwirklicht. Mich zieht's immer ans Wasser, ans Meer, an einen See oder einen Fluss. Also bin ich an die Spree gezogen. Da dachte ich mir: Hey, ein Boot, das wär's doch! Ich suchte lange und fand schließlich das richtige Boot für mich: ein altes holländisches Werftbau-Kajütboot aus den späten 70ern, ein Wanderboot, ein Verdränger. Es liegt schwer im Wasser, das ist nix für Wasserski. Aber das will ich auch nicht. Bootfahren ist für mich Entschleunigung pur. Mit dem Boot bin ich gerne alleine, mit Family oder auch nur mit meinem Sohn unterwegs. Mein Sohn ist mein Bootsmann, der kennt sich mittlerweile großartig aus, er kümmert sich um Anker, Fender, Knoten und Schleusen. Sobald ich auf dem Wasser bin, bin ich sofort im Urlaub.

## OPEN EARS

Manche denken bei unseren TV-Sachen vielleicht sofort an Mainstream – aber auch da geht es um Musik und darum, unsere Musik zu promoten. Und: Ich kann keine Musik machen, die mir nicht gefällt. Mein eigener Geschmack ist heute allerdings sehr weit gefächert. Ich sage nur „Elvis Presley": 50er und 70er Jahre. Heute gefällt mir beides. Man wird offener und hört Dinge mit anderen Ohren, ohne Scheuklappen. Ich bin nicht mehr in einer Nische zu Hause, wo wirklich nur Fachleute zuhören, die auf Blues oder Rockabilly stehen.

Mit The BossHoss sprechen wir ein breites Publikum an, Menschen, die einfach gern Musik hören. Da ist alles dabei, von Kids bis zu ihren Großeltern. Wenn man viele Menschen von jung bis alt erreicht, ist das ein großes Privileg. Bei Konzerten sehe ich die unglaubliche Bandbreite unserer Fans – altersmäßig, aber auch vom Genre her. Da mischen sich Biker mit Hip-Hop- Fans, Metal- und Country-Fans. Deswegen freue ich mich auch, wenn wir beim Rock am Ring spielen oder in Wacken. Auf der einen Seite sind wir im Rock-Bereich jenseits der Charts unterwegs und andererseits sind wir auch in Fernsehsendungen oder spielen in der Helene-Fischer-Show. Solange sich beide Seiten die Waage halten, ist das okay.

### TOP MUSIC:

ELVIS
AC/DC
Tony Joe White
The Sonics

Marshall

# FINGER LICKIN' TASTY

# Eternal Flames Chorizo-Spiesse mit Gemüse

**Tapas vom Grill!**

## ZUTATEN

- 200 g rote Paprika
- 200 g gelbe Paprika
- 100 g rote Zwiebeln
- 2–3 Zweige Rosmarin
- 2 EL Olivenöl
- weißer Pfeffer
- 500 g Chorizo

**Außerdem:**
**8–10 Holz- oder Metallspieße**

## ZUBEREITUNG

1. Die Paprikaschoten waschen, entkernen und in circa 2 Zentimeter große Stücke schneiden. Die Zwiebeln schälen und jeweils vierteln. Alles in eine Schüssel oder flache Schale geben.

2. Den Rosmarin waschen und trocken schütteln, die Nadeln abzupfen und fein hacken. Zusammen mit dem Olivenöl zum Gemüse geben. Mit weißem Pfeffer würzen und gut durchmischen. Anschließend mit Frischhaltefolie abdecken und für 30 Minuten im Kühlschrank marinieren.

3. Die Chorizo in circa 2 Zentimeter lange Stücke schneiden. Das Gemüse aus dem Kühlschrank nehmen und abwechselnd mit der Chorizo auf die Spieße stecken.

4. Die Spieße bei direkter Hitze circa 2 Minuten pro Seite grillen, dann an den Rand des Grills legen und bei indirekter Hitze und geschlossenem Deckel in circa 10–15 Minuten fertig garen.

| | |
|---|---|
| **Zubereitungszeit:** | **15 Min. + 30 Min. Marinierzeit** |
| **Grillzeit:** | **18 bis 23 Min.** |
| **Beer:** | **Lagerbier z.B. Goodbeer unfiltered (Tiny Batch)** |
| **Wine:** | **Syrah, Teroldego, Grenache** |
| **Whisky:** | **Auchentoshan, Single Malt Scotch Whisky** |

SOUNDTRACK ZUM GRILLEN

**Narley:**
**Chorizo**

**The BossHoss:**
**Run Run Devil**

# TERIYAKI

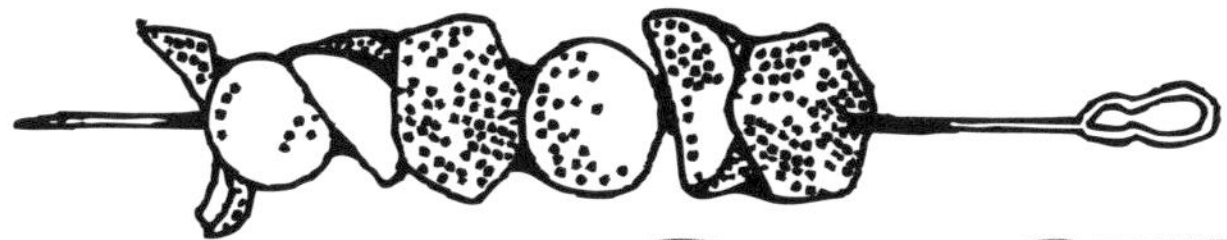

# BEEF SPITS

**Würzige Rindfleischstücke wechseln sich ab mit saftiger Mango.**

## ZUTATEN

- **600 g Rindfleisch, am besten aus der Lende**
- **1 Knoblauchzehe**
- **1 circa 2 cm großes Stück Ingwer**
- **2 EL helle Sojasauce**
- **100 ml Wasser**
- **6 EL flüssiger Honig**
- **2 EL Reiswein**
- **1 TL Sesamöl**
- **2 Mangos mit eher festem Fruchtfleisch**
- **1 Bund Frühlingszwiebeln**
- **2 EL Sesam**

**Außerdem: 8 Holz- oder Metallspieße**

## ZUBEREITUNG

1. Das Rindfleisch waschen und mit Küchenpapier trocken tupfen. In etwa 4 Zentimeter große Würfel schneiden und in eine flache Schale oder eine Schüssel geben.

2. Für die Teriyaki-Sauce den Knoblauch und Ingwer schälen und sehr fein hacken. In eine kleine Schüssel geben und mit der Sojasauce, dem Wasser, Honig, Reiswein und Sesamöl verrühren. Anschließend über das Rindfleisch geben und vorsichtig vermengen. Mit Frischhaltefolie abdecken und für mindestens 30 Minuten im Kühlschrank marinieren.

3. In der Zwischenzeit die Mangos schälen und das Fruchtfleisch in etwa 2 Zentimeter dicke Stücke schneiden. Die Frühlingszwiebeln waschen, putzen und das Weiße in ebenfalls 2 Zentimeter große Stücke schneiden. Das Grün der Frühlingszwiebeln in feine Röllchen schneiden.

4. Das marinierte Fleisch abwechselnd mit der Mango und dem Weiß der Frühlingszwiebeln auf die Spieße stecken. Die Spieße auf den heißen Rost legen und bei direkter Hitze circa 3–4 Minuten pro Seite grillen, bis das Fleisch gar ist.

5. Vor dem Servieren mit Sesam und mit dem Grün der Frühlingszwiebeln bestreuen.

| | |
|---|---|
| Zubereitungszeit: | 15 Min. + 30 Min. Marinierzeit |
| Grillzeit: | 6 bis 8 Min. |
| Beer: | Kellerbier z.B. AU (Mahrs Bräu) |
| Wine: | Chardonnay, Grauburgunder, Verdejo |
| Whisky: | Macallan, Fine Oak, Single Malt |

SOUNDTRACK ZUM GRILLEN

**Shamisen Girls:**
**Ki&Ki and Tsugaru Jongara Bushi**

**Euroboys:**
**Enter the Dragon**

# SATÉ-SPIESSE
## MIT ERDNUSSSAUCE

**Fingerfood mit cremiger Sauce.**

## ZUTATEN

**Für die Saté-Spieße:**

- **500 g Hähnchenbrustfilet**
- **1 circa 2 cm langes Stück Ingwer**
- **¼ TL Chiliflocken**
- **2 EL helle Sojasauce**
- **3 EL Sesamöl**
- **2 TL brauner Zucker**
- **grobes Meersalz**

**Außerdem: circa 20 Holzspieße**

## ZUBEREITUNG

1. Die Holzspieße circa 30 Minuten in Wasser einweichen.

2. Die Hähnchenbrustfilets unter kaltem Wasser waschen, anschließend mit Küchenpapier trocken tupfen. Der Länge nach in circa 1 Zentimeter lange Streifen schneiden, diese dann zwischen Frischhaltefolie legen und mit der Unterseite einer kleinen Bratpfanne auf circa 2 Zentimeter Breite leicht flach klopfen. Hähnchenstreifen leicht wellenförmig auf die Spieße stecken.

3. Für die Marinade den Ingwer schälen und grob hacken. Zusammen mit den Chiliflocken, der Sojasauce, dem Sesamöl, dem braunen Zucker und etwas Meersalz entweder im Mixer oder in einem hohen Gefäß mithilfe eines Pürierstabs schön cremig pürieren.

4. Die Hähnchenspieße in eine flache Schale legen und mit der Marinade übergießen. Mit Frischhaltefolie abdecken und für mindestens 30 Minuten im Kühlschrank marinieren.

5. Die Saté-Spieße werden etwa 2–3 Minuten pro Seite bei direkter und sehr heißer Glut, nicht aber über den Flammen, gegrillt.

---

**Für die Erdnusssauce:**

- **1 circa 2 cm langes Stück Ingwer**
- **1 Knoblauchzehe**
- **180 g cremige Erdnussbutter**
- **2 EL helle Sojasauce**
- **Saft von ½ Limette**
- **2 TL Ahornsirup**
- **50–70 ml kaltes Wasser**

1. Ingwer und Knoblauch schälen, grob hacken und zusammen mit der Erdnussbutter, der Sojasauce, dem Limettensaft und dem Ahornsirup in einen Mixer geben. Alternativ kann die Sauce auch mit dem Pürierstab zubereitet werden, dafür alle Zutaten in ein hohes Gefäß geben.

2. Nach und nach etwas von dem kalten Wasser hinzufügen, bis die Sauce die gewünschte Konsistenz erreicht hat.

---

| | | |
|---|---|---|
| **Zubereitungszeit:** | **Saté-Spieße:** | **10 Min. + 1 Std. Einweich- und Marinierzeit** |
| | **Erdnusssauce:** | **5 Min.** |
| **Grillzeit:** | | **4 bis 6 Min.** |
| **Beer:** | | **Indian Pale Lager z.B. Goodbeer dryhopped (Tiny Batch)** |
| **Wine:** | | **Weißburgunder, Riesling, Viognier** |
| **Whisky:** | | **Nikka Taketsuru, Japan** |

SOUNDTRACK ZUM GRILLEN

**Dr. Boogie:**
**Peanut Butter Blues**

**Brooke Candy, LiL Aaron:**
**Nuts**

# PORK CHOPS & SALSA VERDE

**Knochen und Schwarte sorgen für würzigen Genuss.**

## ZUTATEN

- **4 Schweinekoteletts mit Knochen à circa 250 g**
- **Salz**
- **frisch gemahlener schwarzer Pfeffer**
- **1 EL Olivenöl**

**Außerdem:**
**Fleisch- oder Grillthermometer**

## ZUBEREITUNG

1. Die Koteletts kurz unter Wasser abspülen, anschließend mit Küchenpapier trocken tupfen. Mit einem scharfen Messer rundherum alle 1–2 Zentimeter leicht einritzen, damit sich das Fleisch beim Grillen nicht wellt. Die Koteletts von beiden Seiten mit Salz und Pfeffer würzen.

2. Den Grillrost mit 1 Esslöffel Olivenöl einpinseln. Die Koteletts bei direkter Hitze etwa 3–5 Minuten pro Seite angrillen.

3. Anschließend die Koteletts an den Rand des Grills legen und bei geschlossenem Deckel sowie geschlossener Lüftung für weitere 10–15 Minuten garen. Die Koteletts sind gar, wenn die Kerntemperatur 57–58 °C beträgt (Fleischthermometer!).

4. Die Koteletts etwa 10 Minuten ruhen lassen und mit der Salsa Verde von S. 172 aus dem Kapitel „Saucen & Marinaden" servieren.

| | |
|---|---|
| **Zubereitungszeit:** | **5 Min.** |
| **Grillzeit:** | **16 bis 25 Min. + 10 Min. Ruhezeit** |
| **Beer:** | **Pils z.B. von Mahrsbräu** |
| **Wine:** | **Grauburgunder, Chardonnay, Portugieser (rot)** |
| **Whiskey:** | **Noah's Mill, Bourbon** |

SOUNDTRACK ZUM GRILLEN

**Ronnie Dawson:**
**Rockin' Bones**

**Gene Krupa:**
**Lyonaise Potatoes and some Pork Chops**

# GRILLED ROASTBEEF MIT OLD AMSTERDAM

**Der Begriff „Roastbeef" beschreibt die Rückenteile des Rinds. Dabei bezeichnet man den vorderen Anteil der Rückenteile auch als „hohes Roastbeef" und die hinteren Rückenteile auch „flaches Roastbeef". Die daraus geschnittenen Fleischanteile sind zum Beispiel das Filet, das Rumpsteak oder auch das T-Bone-Steak.**

## ZUTATEN

- 1 kg Roastbeef
- 1 Knoblauchzehe
- 1–2 Zweige Rosmarin
- 100 ml Olivenöl
- 4 EL brauner Zucker
- 2 EL helle Sojasauce
- 2 EL Dijonsenf
- frisch gemahlener schwarzer Pfeffer
- ein wenig Salz
- 200 g Old Amsterdam

Außerdem:
Fleisch- oder Grillthermometer

## ZUBEREITUNG

1. Das Fleisch kurz unter kaltem Wasser waschen und mit Küchenpapier trocken tupfen. Den Knoblauch schälen und fein hacken, den Rosmarin waschen und trocken schütteln, anschließend die Nadeln abzupfen und fein hacken.

2. Knoblauch und Rosmarin mit dem Olivenöl, dem Zucker, der Sojasauce und dem Senf verrühren und mit Pfeffer und wenig Salz würzen.

3. Das Roastbeef samt der Marinade in einen Gefrierbeutel geben, gut verschließen und für mindestens 2 Stunden, besser über Nacht, im Kühlschrank ziehen lassen.

4. Das Fleisch etwa 30 Minuten vor dem Grillen aus dem Kühlschrank nehmen.

5. Das Roastbeef zunächst bei direkter Hitze von allen vier Seiten etwa 1–2 Minuten angrillen.

6. Anschließend das Fleisch bei indirekter Hitze fertig garen. Dafür das Fleisch an den Rand des Grills legen und Deckel und Lüftung schließen. Nach etwa 70–80 Minuten ist das Fleisch „medium" gegart und hat eine Kerntemperatur von knapp über 50 °C (hier kommt das Fleischthermometer zum Einsatz!).

7. Das Fleisch vom Grill nehmen, auf ein Brett setzen und etwa 15 Minuten ruhen lassen. So kann sich das Fleisch entspannen und der Saft sich im gesamten Fleisch besser verteilen.

8. Während das Fleisch ruht, den Käse reiben. Zum Servieren das Fleisch in dünne Scheiben schneiden und mit dem geriebenen Käse bestreuen, bis dieser leicht schmilzt.

Besonders gut schmeckt es, wenn man das aufgeschnittenen Roastbeef samt dem Käse zwischen zwei leicht geröstete Scheiben Sauerteigbrot packt, die man zuvor mit etwas Dijonsenf bestrichen hat. Hierzu passt auch ganz hervorragend das Zwiebelconfit von Seite 170.

| | |
|---|---|
| **Zubereitungszeit:** | **10 Min. + 2 bis 12 Std. Marinierzeit** |
| **Grillzeit:** | **70 bis 90 Min. + 15 Min. Ruhezeit** |
| **Beer:** | **dunkles Lagerbier z.B. E.T.A. (Mahrs Bräu)** |
| **Wine:** | **Bordeaux, Syrah Reserve** |
| **Whisky:** | **Monkey Shoulder, Triple Malt Whisky** |

SOUNDTRACK ZUM GRILLEN

**ZZ Top:**
**La Grange**

**Harold Morrison:**
**Hoss, he's the Boss**

# BALSAMICO-SCHWEINEFILET

**Zarter wird's nicht!**

## ZUTATEN

- **800 g Schweinefilet**
- **160 ml dunkler und möglichst alter Balsamicoessig**
- **80 ml feinstes Olivenöl**
- **2 EL helle Sojasauce**
- **1 EL Ahornsirup**
- **2–3 Zweiglein Thymian**

## ZUBEREITUNG

1. Das Schweinefilet unter kaltem Wasser abspülen und mit Küchenpapier trocken tupfen.

2. Für die Marinade den Balsamico mit Olivenöl, Sojasauce und Ahornsirup verrühren. Den Thymian waschen und trocken schütteln, die Blättchen abzupfen und fein hacken, dann zur Marinade geben.

3. Das Schweinefilet samt Marinade in einen Gefrierbeutel geben, gut verschließen und mindestens 4 Stunden im Kühlschrank ziehen lassen, besser noch über Nacht.

4. Das Schweinefilet aus der Marinade nehmen und bei direkter Hitze auf den heißen Grillrost legen. 1–2 Minuten pro Seite angrillen, dann das Schweinefilet bei indirekter Hitze in 30–40 Minuten fertig garen. Zwischendurch das Filet wenden und mit der übrig gebliebenen Marinade bestreichen. Das Schweinefilet ist fertig, wenn die Kerntemperatur knapp über 60 °C liegt.

| | |
|---|---|
| **Zubereitungszeit:** | **10 Min. + 4 bis 12 Std. Marinierzeit** |
| **Grillzeit:** | **45 bis 50 Min. + 5 Min. Ruhezeit** |
| **Beer:** | **Fränkisches Helles z.B. von Mahrsbräu** |
| **Wine:** | **Pinot noir, Rotwein Burgund / Rhone** |
| **Whisky:** | **Rosebank Lowland Whisky** |

SOUNDTRACK ZUM GRILLEN

**Seasick Steve:**
**Last Po' Man - Stylus Rex Remix**

**Slim Harpo: Boogie Chillun**

# BALLANTINE'S SPARERIBS

**Zarte Rippchen mit Whiskey-Flavour!**

## ZUTATEN

**für 4 Streifen Baby-Back-Ribs oder für 2–3 Kilogramm Hähnchen, Rindersteak, Schweinenacken**

### BALLANTINE`S CLASSIC BBQ MARINADE

- 1 kleine rote Chilischote
- 4 Knoblauchzehen
- 200 ml Ballantine's
- 500 ml Ginger Beer
- 330 ml Apple Cider
- 2 Limetten
- Gewürzmischung für Schweinefleisch (Trocken-Wrap)
- 200 gr Tomatenketchup
- 2 Esslöffel Honig
- geräuchertes Paprikapulver

### BALLANTINE`S COLA BBQ MARINADE

- 200 ml Ballantine`s
- 50 ml Zitronensaft
- 100 gr Ketchup
- 100 ml Cola
- 1 TL Worcestersauce
- 1 TL brauner Zucker
- 1 TL Speckpulver
- 1 TL Paprikapulver
- 1 TL gemahlener weißer Pfeffer
- 1 TL Salz
- 1 kleine rote Chilischote

## ZUBEREITUNG

1. Die Rippchen beim Schlachter Ihres Vertrauens auf die passende Länge zusägen lassen. Darauf achten, dass die Silberhaut abgezogen ist.

2. Den Gewürzansatz zubereiten: Die Chilischote klein schneiden, die Knoblauchzehe schälen und klein schneiden, zusammen mit 100 Milliliter Ballantine's, dem Ginger Beer, 200 Milliliter von dem Apple Cider und dem Saft von 1 Limette in einem Topf aufkochen und um die Hälfte reduzieren lassen.

3. Die Rippchen mit der Gewürzmischung von allen Seiten gut einreiben, in eine große Auflaufform geben und mit der Hälfte des Gewürzansatzes begießen. Anschließend mit Alufolie gut abdecken. Bei 160 °C Ober- und Unterhitze circa 90 Minuten im Ofen vorgaren.

4. Zur Herstellung der Gewürzsauce die zweite Hälfte des Gewürzansatzes mit den restlichen Zutaten vermischen und mit dem Paprikapulver abschmecken. Die gegarten Rippchen in Alufolie einwickeln und erst kurz vor dem Grillen mit der Gewürzsauce bestreichen.

5. Während des Grillens die Rippchen regelmäßig wenden und jede Seite mindestens drei Mal mit der Gewürzsauce bestreichen. Wenn die Rippchen knusprig braun sind, genießen!

| | |
|---|---|
| **Zubereitungszeit:** | **15 Min. + 15 Min. Marinierzeit** |
| **Grillzeit:** | **90 Min. im Backofen + 1 Std. Grill** |
| **Beer:** | **Schwarzbier / Stout, z.B. Guinness** |
| **Wine:** | **Zinfandel** |
| **Whisky:** | **Ballantine's Pure Malt** |

SOUNDTRACK ZUM GRILLEN

**John Hammond:**
**Barbecue Blues**

**Hank Williams III:**
**Whiskey, Weed, & Women**

# CHICKENLEGS  sweet & blue

**Süße Trauben, würziger Blauschimmel-Dip und zartes Hähnchenfleisch – eine wahre Geschmacksexplosion! Für dieses Rezept wird ein Grill mit Deckel benötigt.**

## ZUTATEN

**Für die Rosmarin-Trauben:**

- **250 g rote, kernlose Trauben**
- **1 Zweig Rosmarin**
- **1 EL Butter**

## ZUBEREITUNG

1. Die Trauben waschen, abtropfen lassen und halbieren. Den Rosmarin ebenfalls waschen und trocken schütteln, die Nadeln abzupfen und nicht zu fein hacken.

2. Eine kleine gusseiserne Pfanne auf den heißen Grill stellen und 1 Esslöffel Butter darin erhitzen.

3. Die Trauben zusammen mit dem Rosmarin für etwa 3–4 Minuten in der heißen Butter anschwitzen, anschließend vom Grill nehmen und abkühlen lassen.

**Für den Blauschimmel-Dip:**

- **120 g saure Sahne**
- **60 g Naturjoghurt**
- **1 EL Zitronensaft**
- **Salz**
- **frisch gemahlener schwarzer Pfeffer**
- **125 g Blauschimmelkäse, z.B. Roquefort**

1. Saure Sahne, Joghurt und Zitronensaft in einer Schüssel verrühren und mit wenig Salz und Pfeffer würzen.

2. Den Blauschimmelkäse zerbröckeln und unterrühren, große Stückchen mit einer Gabel zerdrücken.

3. Mit etwas Salz und Pfeffer abschmecken.

**Für die Hähnchenschenkel:**

- **4 Hähnchenschenkel mit Knochen à circa 150 g**
- **2 TL geräuchertes Paprikapulver, ersatzweise Paprikapulver edelsüß**
- **1 TL Knoblauchpulver**
- **2 TL Meersalz**
- **1 TL Pfeffer**
- **2 EL Olivenöl**

1. Die Hähnchenschenkel unter kaltem Wasser waschen, anschließend mit Küchenpapier trocken tupfen.

2. Paprikapulver, Knoblauchpulver, Meersalz und Pfeffer vermischen und die Hähnchenschenkel rundherum damit einreiben.

3. Hähnchenschenkel zunächst mit der Hautseite nach unten bei direkter Hitze auf den Grill legen und 8–10 Minuten grillen, zwischendurch wenden. Anschließend die Hähnchenschenkel bei geschlossenem Deckel für weitere 15–20 Minuten garen.

4. Nun die Hähnchenschenkel mit Olivenöl bepinseln und noch einmal bei geöffnetem Deckel für circa 10 Minuten grillen, bis die Schenkel außen schön knusprig und innen komplett durchgegart sind.

| | |
|---|---|
| **Zubereitungszeit:** | **20 Min.** |
| **Grillzeit:** | **40 bis 45 Min.** |
| **Beer:** | **leichtes Pils, z.B. Sommerpils (Mahrs Bräu)** |
| **Wine:** | **Riesling, Sauvignon Blanc** |
| **Whiskey:** | **Maker's Mark** |

SOUNDTRACK ZUM GRILLEN

**Hot Boogie Chillun:**
**Chickpulling Machine**

**Chris Isaak:**
**Blue Hotel**

# Jerk Chicken & Ananas-Salsa

**Hier kommt der Jamaican Beef Rub von Seite 171 zum Einsatz.**

## ZUTATEN

**Für die Ananas-Salsa:**

- ½ sehr reife Ananas
- 1 kleine rote Zwiebel
- ½ Bund Koriander
- Saft von 1 Limette
- ¼ TL Chiliflocken
- Salz
- frisch gemahlener schwarzer Pfeffer

## ZUBEREITUNG

1. Die Ananas schälen, vom Strunk befreien und das Fruchtfleisch in sehr kleine Würfel schneiden. Anschließend in eine Schüssel geben.
2. Die Zwiebel schälen, sehr fein hacken und zur Ananas geben.
3. Den Koriander waschen und trocken schütteln, die Blättchen und die feinen Stiele hacken. Ebenfalls zur Ananas geben.
4. Limettensaft über die Zutaten geben und mit Chiliflocken, Salz und Pfeffer abschmecken.

**Für das Chicken (Huhn):**

- 4 Hühnerbrüste à circa 150 g
- 2 EL Jamaican Beef Rub

1. Das Hühnchenfleisch unter kaltem Wasser waschen und mit Küchenpapier trocken tupfen. Zwischen Frischhaltefolie legen und mithilfe eines Nudelholzes vorsichtig flach rollen, sodass das Fleisch an allen Stellen möglichst die gleiche Dicke hat.
2. Rundherum mit dem Jamaican Beef Rub einreiben und abgedeckt etwa 15 Minuten bei Zimmertemperatur ruhen lassen.
3. Hühnchen auf dem heißen Grillrost etwa 7 Minuten pro Seite grillen.
4. Anschließend auf ein Brett legen und etwa 5 Minuten ruhen lassen, dann in Streifen schneiden und mit der Ananas-Salsa zusammen servieren.

| | |
|---|---|
| **Zubereitungszeit:** | **15 Min. + 15 Min. Marinierzeit** |
| **Grillzeit:** | **15 bis 20 Min.** |
| **Beer:** | **Indian Pale Lager z.B. Goodbeer dryhopped (Tiny Batch)** |
| **Wine:** | **Riesling Spätlese oder Kabinett, kräftige Scheurebe** |
| **Whiskey:** | **Old Fitzgerald** |

**Soundtrack zum Grillen**

**Caesars Palace:**
**Jerk it out**

**Zac Brown Band:**
**Chicken Fried**

# BORN TO SING!

**Ostberlin in den 80er-Jahren. Die Mauer steht noch, aber Punk, New Wave und Metal haben die DDR erreicht. Auch hier gibt es Subkultur, ganz ähnlich wie im Westen. Vielleicht ein bisschen mehr do it yourself mit selbst genähten Klamotten, improvisierten Looks. Sonst derselbe Style: lange Haare, zerschlissene Jeans und T-Shirts, Begeisterung für die neuen Sounds aus UK und USA. Mittendrin in der Szene: Alec, für den Metal einfach das Größte ist.**

## STAGE FEVER

Heavy Metal war mein Ding. Als Jugendlicher war ich Fan von Iron Maiden, AC/DC, Metallica, Motörhead. Schon bald wollte ich auch selbst Musik machen. Also besorgte ich mir eine alte tschechische E-Gitarre und einen kleinen Verstärker und so saß ich in meinem Zimmer und schrabbelte vor mich hin. Mit ein paar Kumpeln spielte ich in Kellerbands. Stilistisch war das weniger Metal, eher Punkrock. Wie die Ramones spielten wir knallige 3-Akkorde-Songs. Relativ schnell war mir klar: Ich will Sänger werden, ich will vorne stehen, ich habe Bock auf Rampensau.

## I FEEL FREE

Metal-Fans waren damals eine kleine eingeschworene Gemeinschaft. Wir vertrugen uns aber auch mit den Punks, New-Wave-Typen, New-Romantics-Leuten oder Depeche-Mode-Fans. Alle kannten sich, denn es gab nur drei oder vier Clubs in Ostberlin und Umgebung, wo man wirklich hingehen konnte. Wir hatten natürlich alle lange Haare und wurden deswegen auf der Straße blöd angeschaut. Uns war das egal, das wollten wir ja sogar. Klamotten wurden damals oft selbst genäht, es wurde viel auf dem Schwarzmarkt geschachert, um an ein Paar anständige Jeans oder

Lederhosen zu kommen. Einer guten Lederjacke bin ich ewig hinterhergerannt, bis ich endlich über drei Ecken eine bekommen habe. Ich musste circa 800 Ostmark hinblättern, was ein ganzes Monatsgehalt war. Das war es mir wert. Die Musik und der ganz Style vermittelten mir ein Gefühl von Freiheit.

## WILD AND COOL

Bis heute kenne ich Leute aus der Musikszene von damals, zum Beispiel Basti, der bei In Extremo Gitarre spielt. Mit ihm hatte ich meine erste seriöse Band Sludgehat. Gelegentlich laufen mir noch Leute aus der damaligen Metal-Szene über den Weg. Die haben auch keine Berührungsängste, obwohl wir mit The BossHoss ja einen ganz anderen Sound als damals machen. Die sind beeindruckt und freuen sich mit uns.

Die Anfangszeit mit The BossHoss auf Tour war wild und superintensiv. Auf Tour sein bedeutet ja nicht nur spielen, sondern vor allem Zusammensein auf engstem Raum. Du bist mit deinen besten Freunden on the road und fährst von einer Station zur nächsten, hast keine Ahnung, was dich erwartet, wie viele Leute abends zum Konzert kommen. Der Veranstalter sagte zum Beispiel: „60 Tickets sind verkauft", und ich sagte: „Geil! das ist ja schon mal mega. Vielleicht kommen ja spontan noch ein paar mehr!" Und dann schaute ich durch den Vorhang, fünf Minuten bevor es losging, und dachte: ‚Hey, das sieht ja schon ganz gut aus.' Oder ich meinte: „Lass uns noch mal eine Viertelstunde warten. Vielleicht kommen noch fünf Leute."

Das war ein echtes Abenteuer. Mal pennten wir im billigsten Hotel oder bei irgendwem auf dem Sofa oder backstage im Schlafsack. Das war eine Superzeit, aber irgendwann hatten wir auch alles gesehen, erlebt, und dann war es auch gut. Heute ist es ebenfalls schön.

## HELL OF A TIME

Im Rock 'n' Roll-Geschäft muss man immer am Ball bleiben. Platten aufnehmen, touren und wenn man ganz großes Glück hat, steht man irgendwann sogar mit Idolen wie Lemmy auf der Bühne. Das hätte ich mir als Jugendlicher nie hätte träumen lassen. Natürlich hatten wir auch Lampenfieber, denn die Leute wollten ja eigentlich nur Motörhead sehen. Und dann gab es als zweite Vorband auch noch die kultigen The Damned. Also packten wir unser härtestes Set aus, schön die Knaller, und das passte für alle. Das ist auch der Grund, warum wir in Wacken funktionieren.

Wir wollen natürlich möglichst viele Menschen mit unserer Musik erreichen. Und wir lieben es, auf einer Festivalbühne zu stehen oder in einer Halle mit 12.000 Leuten. Das hat eine ganz eigene Dynamik. Wir machen aber bis heute noch Clubgigs. Da braucht man keine große Show, keine Special Effects. Da geht's nur um die Energie, die die Band nach vorne bringt, und ob dann was vom Publikum zurückkommt. Es geht nur um die Frage, ob man es schafft, dass am Ende der Laden kocht und alle 300 Leute da drin a hell of a time haben.

## VOICE & Co.

Wir treffen gerne Menschen, die sich auch so für Musik begeistern wie wir und freuen uns, wenn wir diese Leute zum Beispiel in The Voice of Germany pushen können. Wir wollen den Kandidaten helfen für ihre Träume zu kämpfen und sich dabei nicht zu sehr zu verkrampfen. Denn am Ende geht es immer darum, dass es Spaß macht. Sonst sollte man die Finger von einer Musikkarriere lassen.

Die TV-Formate vermitteln manchmal einen falschen Eindruck. So von wegen: sich bei einer Show bewerben und weiterkommen, dann hat man es geschafft, jetzt kennen einen die Leute und dann geht's richtig los mit der Karriere. Das ist ein Trugschluss. In

erster Linie geht es den Fernsehleuten um Entertainment. Die Zuschauer wollen sehen, wie die Kandidaten sich für ihren Traum reinhängen. Die Teilnehmer bekommen eine Plattform, um für sich selbst herauszufinden: Ist das wirklich mein Lebenstraum? Will ich dafür richtig hart ackern? Oder will ich es nur mal ausprobieren? Es gibt ja viele, die nehmen an so einer Show teil und denken danach: Oh, jetzt immer und jeden Tag? Durch kleine Clubs tingeln? Dann doch lieber die Sicherheit mit einer anständigen Festanstellung.

## WHAT ELSE?

Neben der Musik könnte ich mir auch vorstellen, anders kreativ zu sein. In allen möglichen Bereichen. Das treibt mich auch bei The BossHoss immer an. Jedes neue Album ist eine neue Phase, begleitet von einer neuen Kampagne, einem neuem Look, einem neuen Bühnenbild für eine neue Show, ein neues Video. Allein schon das Nachdenken über Neues ist für mich ein großes Vergnügen, zum Beispiel ob wir mal mit The BossHoss einen richtig coolen Western drehen sollten. Wer weiß, vielleicht kommt das ja noch?

Wenn ich nicht im Studio oder auf Tour bin, verbringe ich viel Zeit mit der Familie. Da engagiere ich mich auch im Haushalt und koche gerne – alles, ob Pasta, Burger oder asiatisch. Grillen finde ich natürlich super, mit Familie und Freunden. Hobbymäßig beschäftige ich mit gerne mit alten Autos. Ich bin allerdings keiner, der am Wochenende stundenlang in der Garage steht und mit ölverschmierten Händen am Motorblock rumschraubt. Meine alte Corvette lasse ich von anderen Menschen in Ordnung bringen, die mehr Ahnung von Technik haben als ich.

## BEST MUSIC

Eine meiner Favoritenbands of all times ist Metallica. Ihr bester Song aller Zeiten ist „Battery“. Ansonsten höre ich besonders gerne Vintage-Sachen, so Retrorock: The Black Keys, Black Rebel Motorcycle Club, Kaleo, Kings of Leon, alles, was so einen Retro-Touch hat. Ich höre zu Hause aber auch gerne akustische Sachen, Singer-Songwriter, Bands wie City and Colour.

# FISHING FOR COMPLIMENTS

# Crazy Fish on a Stick

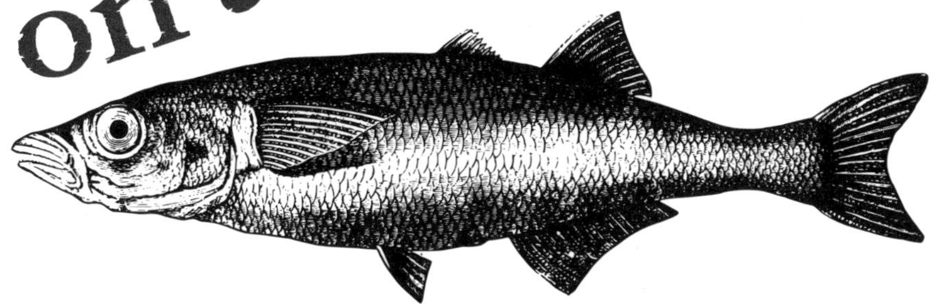

**Sorgt für Lagerfeuer-Romantik am Grill!**

## ZUTATEN

- **4 küchenfertige, ganze Forellen à circa 250 g**
- **Salz**
- **frisch gemahlener schwarzer Pfeffer**
- **Saft von 1 Zitrone**
- **12 Zweiglein Salbei**
- **4 Scheiben Parmaschinken**
- **etwas Olivenöl zum Bepinseln**
- **4 lange Holz- oder Metallspieße**
- **Außerdem: gegebenenfalls Küchengarn**

## ZUBEREITUNG

1. Die Forellen unter fließend kaltem Wasser abspülen und mit Küchenpapier trocken tupfen.

2. Von innen und außen mit wenig Salz und Pfeffer einreiben, zudem von innen mit Zitronensaft beträufeln.

3. Jeweils 3 Zweige Salbei mit einer Scheibe Parmaschinken umwickeln und in den Bauch der Forelle stecken. Zuklappen und den Bauch gegebenenfalls mit Küchengarn zunähen, je nachdem, wie groß die Öffnung am Bauch des Fisches ist.

4. Jede Forelle durchs Maul hindurch der Länge nach aufspießen und rundherum mit etwas Olivenöl bepinseln.

5. Fische etwa 10 Minuten bei direkter Hitze über der sehr heißen Glut grillen, dabei stetig wenden.

| | |
|---|---|
| **Zubereitungszeit:** | **20 Min.** |
| **Grillzeit:** | **10 Min.** |
| **Beer:** | **Pils z.B. von Mahrs Bräu** |
| **Wine:** | **Riesling, Viognier, Manzoni Bianco** |
| **Whisky:** | **Oban** |

SOUNDTRACK ZUM GRILLEN

**Nitty Gritty Dirt Band:**
**Fishin' in the Dark**

**Elvis Presley:**
**Thanks to the rolling Sea**

# HOLY FISH-BURGER
## SRIRACHA-STYLE

**Neben der Mayonnaise ist der Rotkohl das eigentliche Geheimnis dieses Burgers.**

### ZUTATEN

- ½ Kopf von einem kleinen Rotkohl
- 1 TL Traubenkernöl
- ½ TL Zucker
- Salz
- 4 EL Mayonnaise, s. Rezept Seite 170 oder schon fertig gekauft
- 1–2 TL Sriracha
- 4 Kabeljau-Filets mit Haut à circa 150 g
- Salz
- frisch gemahlener schwarzer Pfeffer
- 1 gute Handvoll Babyspinat
- 4 Vollkorn- oder Burger-Brötchen

### ZUBEREITUNG

1. Den Rotkohl vom Strunk befreien und möglichst fein raspeln. Über einem Sieb waschen und gut abtropfen lassen, dann in eine Schüssel geben. Mit Traubenkernöl und Zucker vermischen und abgedeckt etwa 15 Minuten ziehen lassen.

2. Eine beschichtete Pfanne erhitzen und den Rotkohl bei mittlerer Hitze etwa 4–5 Minuten andünsten, anschließend mit Salz und gegebenenfalls noch etwas Zucker abschmecken. Vom Herd nehmen und etwas abkühlen lassen.

3. Mayonnaise je nach gewünschter Schärfe mit 1–2 Teelöffeln Sriracha verrühren.

4. Fischfilets waschen und mit Küchenpapier trocken tupfen. Anschließend von beiden Seiten mit Salz und Pfeffer würzen.

5. Babyspinat waschen und trocken schütteln.

6. Den Grill vorheizen und den Grillrost mit 1 Esslöffel Olivenöl einpinseln. Die Fischfilets zunächst auf der Hautseite bei indirekter Hitze etwa 5 Minuten grillen. Anschließend vorsichtig wenden und für weitere 5 Minuten grillen, bis der Fisch komplett durchgegart ist.

7. Die Vollkornbrötchen halbieren und die untere Hälfte mit je 1 Esslöffel Sriracha-Mayonnaise bestreichen. Etwas von dem Rotkohl daraufgeben, dann je 1 Fischfilet und etwas Babyspinat. Die Burger mit den oberen Brötchenhälften zuklappen und genießen.

| | |
|---|---|
| Zubereitungszeit: | 30 Min. |
| Grillzeit: | ca. 10 Min. |
| Beer: | Indian Pale Lager z.B. Goodbeer dryhopped (Tiny Batch) |
| Wine: | Pinot Blanc, Weißburgunder, Riesling |
| Whisky: | Canadian Club, 12 Years |

SOUNDTRACK ZUM GRILLEN

**Louis Jordan:**
Saturday Night Fish Fry

**Cody Jinks:**
Hippies and Cowboys

HOSS

# Crusty fresh Fish Filets

**Für dieses Rezept eignet sich vor allem Fisch mit festem, weißem Fleisch, zum Beispiel Zander oder Kabeljau.**

## ZUTATEN

- **1 Bund gemischte Kräuter, zum Beispiel Petersilie, Thymian, Majoran, Dill**
- **2 EL frisch geriebener Parmesan**
- **6 EL Olivenöl**
- **grobes Meersalz**
- **4 Fischfilets à circa 200 g mit Haut**
- **ein wenig Salz**
- **frisch gemahlener schwarzer Pfeffer**
- **Saft von ½ Zitrone**

## ZUBEREITUNG

1. Die Kräuter waschen und trocken schütteln, die Blättchen abzupfen und in ein hohes Gefäß geben. Parmesan, Olivenöl und etwas grobes Meersalz hinzufügen und mit dem Pürierstab zu einer Paste verarbeiten.

2. Die Fischfilets waschen und trocken tupfen, anschließend von beiden Seiten mit wenig Salz und Pfeffer würzen. Zitronensaft darüberträufeln.

3. Die Fischfilets bei direkter Hitze zunächst für 3–4 Minuten auf der Hautseite grillen. Anschließend wenden und für weitere 2 Minuten grillen.

4. Die Fischfilets zurück auf die Hautseite wenden und nun an den Rand des Grills legen. Mit einem Esslöffel die Kräuter-Parmesan-Paste auf die nun nach oben zeigende Seite der Fischfilets geben und vorsichtig andrücken. Den Deckel auf den Grill geben und die Fischfilets in circa 2–3 Minuten zu Ende garen.

| | |
|---|---|
| **Zubereitungszeit:** | **15 Min.** |
| **Grillzeit:** | **7 bis 9 Min.** |
| **Beer:** | **Indian Pale Lager z.B. Goodbeer dryhopped (Tiny Batch)** |
| **Wine:** | **Riesling Sekt** |
| **Whisky:** | **Dickel, Tennessee** |

SOUNDTRACK ZUM GRILLEN

**The Codfish Band: Devil's Tongue**

**Ruth Wallis: The Fishing Song**

# LACHS BURGER MIT LEMON JOGHURT DIP

**Für einen guten Burger muß es nicht immer Rindfleisch sein.**

## ZUTATEN

- **100 g Vollkorn-Toastbrot**
- **500 g Lachsfilet ohne Haut**
- **2 Frühlingszwiebeln**
- **je ½ Bund Dill und Schnittlauch**
- **2 Eier**
- **1 EL Sahne-Meerrettich aus dem Glas**
- **Salz**
- **frisch gemahlener schwarzer Pfeffer**
- **250 g griechischer Joghurt**
- **½ Bio-Zitrone**

## ZUBEREITUNG

1. Die Toastbrot-Scheiben für circa 30 Minuten nebeneinander auf ein sauberes Küchenhandtuch legen. So werden sie leicht trocken und lassen sich anschließend im Mixer besser zerkleinern. Das Toastbrot im Mixer oder mit den Händen zerbröseln und in eine Schüssel geben.

2. Das Lachsfilet waschen, trocken tupfen und in sehr feine Würfel schneiden.

3. Die Frühlingszwiebeln putzen und waschen, anschließend sehr fein hacken und zum Lachs in die Schüssel geben.

4. Dill und Schnittlauch waschen, trocken schütteln und ebenfalls fein hacken und in die Schüssel geben.

5. Eier und Sahne-Meerrettich hinzufügen, mit Salz und Pfeffer würzen und mit den Händen zu einer Masse verkneten. Flache Pattys aus der Masse formen und auf dem heißen Grill bei indirekter Hitze etwa 3–4 Minuten pro Seite grillen.

6. Während die Lachs-Pattys auf dem Grill sind, den Joghurt mit dem Saft und der abgeriebenen Schale von einer halben Bio-Zitrone verrühren. Dip mit Salz und Pfeffer abschmecken und zu den Lachsbuletten servieren.

| | |
|---|---|
| **Zubereitungszeit:** | **10 Min. + 30 Min. Ruhezeit** |
| **Grillzeit:** | **6 bis 8 Min.** |
| **Beer:** | **Heller Weizenbock z.B. von Gutmann** |
| **Wine:** | **Riesling, Viognier, Manzoni Bianco** |
| **Whiskey:** | **Jameson, Irish Whiskey** |

SOUNDTRACK ZUM GRILLEN

**Kim Salmon & The Surrealists: I fell**

**The BossHoss: Drowned in Lake Daniels**

# SPICY LEMON PRAWNS

**Garnelen, die auf der Zunge zergehen.**

## ZUTATEN

- **16 Riesengarnelen, circa 350 g**
- **1 Knoblauchzehe**
- **1 kleines Stück Ingwer, circa 1 cm**
- **2 Stangen Zitronengras**
- **½ Bund Koriander**
- **3 EL Olivenöl**
- **Salz**
- **frisch gemahlener schwarzer Pfeffer**
- **¼ TL Chiliflocken**

**Außerdem:**
**4 Holzspieße**

## ZUBEREITUNG

1. Die Garnelen unter kaltem Wasser abspülen, anschließend mit Küchenpapier trocken tupfen und jeweils 4 Garnelen auf einen Holzspieß stecken.

2. Den Knoblauch und den Ingwer schälen und sehr fein hacken. Das Zitronengras waschen, die holzigen Enden abschneiden, dann ebenfalls sehr fein hacken.

3. Den Koriander waschen und trocken schütteln, anschließend die Blättchen und die feinen Stiele abzupfen und ebenfalls fein hacken.

4. Knoblauch, Ingwer, Zitronengras und Koriander mit Olivenöl, Salz, Pfeffer und Chiliflocken vermischen.

5. Die Garnelenspieße in eine flache Schale legen, die Marinade darübergeben und die Spieße rundherum in der Marinade wenden. Mit Frischhaltefolie abdecken und im Kühlschrank etwa 30 Minuten ziehen lassen.

6. Die Garnelenspieße aus der Marinade nehmen und bei direkter Hitze etwa 3–4 Minuten pro Seite grillen. Zwischendurch gegebenenfalls noch einmal mit der übrig gebliebenen Marinade bepinseln.

| | |
|---|---|
| **Zubereitungszeit:** | **15 Min. + 30 Min. Marinierzeit** |
| **Grillzeit:** | **6 bis 8 Min.** |
| **Beer:** | **Radler z.B. von Mahrs Bräu** |
| **Wine:** | **Riesling Sekt, Kerner, Cremant** |
| **Whisky:** | **Chivas Regal, 12 Years** |

SOUNDTRACK ZUM GRILLEN

**Elvis Presley:**
**Crawfish**

**Hank Williams:**
**Jambalaya**

# HIT THE ROAD, HANK!

**Großbritannien bebt unter der Punk-Welle der späten 70er-Jahre – The Sex Pistols, X-Ray Spex, The Jam, Buzzcocks, The Clash. Mit offenen Augen und Ohren dabei: Malcolm Arison aus Manchester, der sich bisher vor allem für alten Blues und Rock 'n' Roll interessiert.**

## BLUES, ROCK, PUNK

Ich bin in Manchester geboren und aufgewachsen. Mit 14 fing ich an, Musik zu machen. Ich interessierte mich vor allem für alten Blues und Rock 'n' Roll und lieh mir in der Bibliothek Platten aus, die ich auf Kassette überspielte. Dazu übte ich stundenlang Mundharmonika. Ein bisschen später hörte ich auch viel Punk. Die Punk-Bewegung riss mich richtig mit. Ich spielte in diversen New Wave- und Punk-Bands und brachte dort auch meine Blueseinflüsse ein. Das ging damals, alles war alles erlaubt, alles war sehr offen, man musste sich nicht auf einen bestimmten Stil festlegen. Man konnte Punk-Musik hören, aber auch Reggae oder Hardrock.

Einmal fuhren wir in meiner Schulzeit zu einem großen Festival nach London und wir sahen dort The Clash und X-Ray Spex. Das war das erste Mal, als ich dachte: Wow, Musik kann echt was bewirken! Meine erste echte Band, mit der ich live spielte, hieß Bad King Wash and the Menacing Yellow Prawns. Wir spielten sogar mal im Rahmenprogramm des Reading Festivals. Vor allem hatten wir aber Gigs bei Studenten-Events in Manchester und Sheffield. Ich weiß noch genau, wie ich eine Punk-Band aus Kalifornien in der Students' Union in Manchester gesehen habe. Die hatten alle schwarze Lederjacken an und schwarze T-Shirts, Stiefel, und ich dachte: ‚Wow, das ist so cool in einer Band zu spielen!' Aber ich interessierte mich damals auch für die leisere Seite der Musik, für die Geschichtenerzähler in der Tradition von Woody Guthrie oder Bob Dylan. Ich studierte damals Publizistik, brach das dann aber wegen der Musik ab.

## ON THE ROAD

Was mich richtig so auf Musik brachte, war meine Zeit on the road. Ich nahm mir von der Uni ein Jahr Auszeit, um zu reisen. In Genf lernte ich Musiker kennen, die mich für immer beeinflussten. Das waren amerikanische Blues- und Country-Musiker, die Straßenmusik machten und in Bars spielten. Es war ganz einfach: Ich hat-

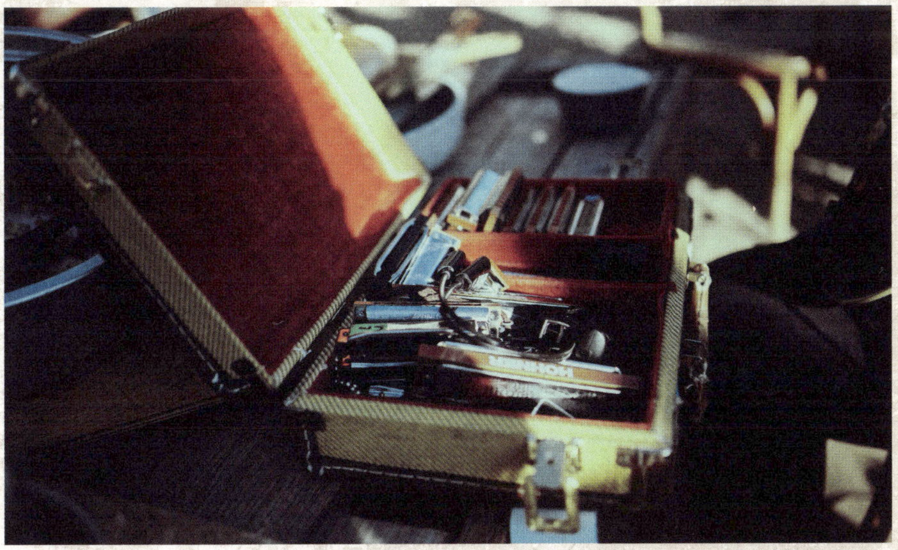

te meine Harmonika dabei und die Musiker luden mich ein mitzuspielen. Wir spielten in Cafés und sogar in der Straßenbahn. Ich spielte vor allem mit einem Typen aus Chicago zusammen, einem Gitarristen. Von Genf bin ich nach Amsterdam, weiter nach Paris und Cannes. Ich war mit diesen Jungs schließlich mehrere Jahre on the road und lernte dabei auch Gitarre. Das war meine musikalische Ausbildung. Ich hatte eine fantastische Zeit. Damals gab es eine große Szene von Straßenmusikern. Ich merkte: Das ist das Leben, das ich führen will – reisen und meinen Unterhalt durch Musik verdienen.

## ALL NIGHT LONG

In den 80er-Jahren kam ich nach Berlin. In den 80er-Jahren war Berlin megainspirierend und spannend, das Nachtleben dort war eigentlich jeden Tag 24 Stunden lang. Vor allem in Kreuzberg und Schöneberg,

später auch in Neukölln, lebten viele Künstler, Schriftsteller, alternativ interessierte Menschen. Für Blueser wie mich waren die Bluesbar in der Kurfürstenstraße interessant oder das Quasimodo. Ich selbst war lange Zeit Mitinhaber eines Cafés. Da ging zum Beispiel auch Tobi von den späteren The BossHoss hin. Das Café war in Neukölln, ein Underground-Café mit Livemusik. Ich selbst spielte da oft mit meiner Band. Ich war Gastronom, Musiker und ich bildete mich auch im Aufnahmestudio weiter. Ich arbeitete unter anderem in den berühmten Hansa-Studios, wo schon David Bowie oder Iggy Pop aufgenommen hatten. Zu dieser Zeit spielten Tobi und Ansgar zusammen in einer Band und sie nahmen bei uns auf. Und wer saß hinter dem Mischpult? Ich!

Damals machte ich auch mit Leuten aus dem Umfeld von Element of Crime Musik und schrieb Musik für Kinofilme. Mit meiner Band habe ich sogar eine Platte auf dem Kult-Label von Alec Empire herausgebracht. Und wir waren lange die Hausband im Privatclub. Ich probierte damals viele Sachen aus, erlebte alle Höhen und Tiefen. Was für eine aufregende Zeit!

## HANK WILLIAMS, JOHNNY CASH, JIMMIE RODGERS

Als der ursprüngliche Hank nach einem Jahr Bestehen von The BossHoss zu einer anderen Band ging, fragten die Jungs mich, ob ich bei ihnen mitpielen will. Ich habe nicht gezögert. Als ich die Jungs kennenlernte, mochte ich sehr gerne Hank Williams, Johnny Cash, Jimmie Rodgers. Und ich hatte auch schon in einer Rockabilly-Band gespielt.

Das ganze Styling rund um den amerikanischen Rock 'n' Roll fand ich ebenfalls cool, auch weil ich sehr gute Freunde in Austin hatte. Die waren ebenfalls Musiker und trugen ganz selbstverständlich Cowboy-Hüte und -Boots. Das alles passte gut zu mir. Hüte habe ich immer schon getragen, allerdings eher bluesstyle. Aber Blues spielt bei The BossHoss ja auch eine große Rolle.

Es ist schon interessant: Ich bin der einzige in der Band mit Englisch als Muttersprache, und trotzdem fühlt es sich für mich nicht so an, als wären wir eine deutsche Band. Das ist eine internationale Band, und nicht nur wegen mir oder weil Tobi in Madagaskar geboren ist. In der Band ist man einfach Teil der Familie, da spielt es gar keine Rolle, woher du kommst. Jeder bringt seine persönlichen Einflüsse mit. Wir switchen die ganze Zeit zwischen Englisch und Deutsch, viel von unserem Musikeinfluss ist vor allem amerikanisch. Wir spielen heute oft auf großen Bühnen, aber in kleinen Clubs zu spielen ist für mich schon immer etwas Besonderes. Wenn man ganz nah am Publikum ist, dann ist das schon sehr intensiv.

Bis heute habe ich auch Projekte außerhalb von The BossHoss: Ich bin als Solist mit Gitarre und Mundharmonika unterwegs, schreibe Musik

für Filme und mache bei TV-Produktionen mit, etwa für Udo Lindenbergs MTV-Unplugged-Auftritt.

## MUSHY PEAS

Wenn ich mal nicht Musik mache, bin ich vor allem Familienvater. Ich spiele mit meinen Kindern und koche auch sehr gerne. Vor allem indisch, italienisch, wir essen oft vegetarisch. Schon auf meinen Reisen habe ich viel gelernt über verschiedene Küchen. Das ist für mich schon eine Entwicklung. Ich bin ja Brite und nicht unbedingt mit gesundem Essen aufgewachsen. In meinen jungen Jahren habe ich sehr viel Fish & Chips mit Salt & Vinegar gegessen, in Nordengland gibt es noch Mushy Peas dazu. Das ist auch ein Stück Heimat für mich und ich esse das bis heute sehr gerne, wenn ich bei Verwandten oder Freunden in England bin.

### TOP SONGS:

Otis Redding:
„I've got Dreams to remember"

Bob Dylan:
„Visions of Johanna"

Blind Boy Fuller & Sonny Terry:
„Pistol Slapper Blues"

# BROT & SPIELE

# Burger Buns

**Easy peasy selbst gemacht – fertig kaufen war gestern!**

## ZUTATEN

- **250 ml lauwarmes Wasser + 1 EL extra**
- **2 ½ TL Trockenhefe**
- **1 TL Zucker**
- **125 ml Milch**
- **75 g Butter**
- **540 g Mehl**
- **1 ½ TL Meersalz**
- **1 Ei**
- **Sesam zum Bestreuen**

## ZUBEREITUNG

1. 250 Milliliter lauwarmes Wasser mit der Trockenhefe und 1 Teelöffel Zucker verrühren, bis sich die Hefe und der Zucker aufgelöst haben. Anschließend circa 10 Minuten stehen lassen, bis sich leichte Blasen an der Oberfläche bilden.

2. Die Milch in einem kleinen Topf erwärmen und die Butter darin unter Rühren schmelzen.

3. Das Mehl in eine große Schüssel geben und mit dem Salz vermischen. Eine Kuhle in die Mitte formen und zunächst das Hefe-Wasser dazugeben. Mit den Knethaken des Handrührers (oder der Küchenmaschine) verkneten, nach und nach die Milch-Butter-Mischung dazugießen. Alle Zutaten mindestens 5 Minuten zu einem glatten Teig verkneten. Mit einem sauberen Küchenhandtuch abdecken und an einem warmen Ort 1 Stunde gehen lassen.

4. Den Teig auf eine leicht bemehlte Arbeitsfläche geben und 8 Kugeln aus dem Teig formen. Mit Abstand auf ein mit Backpapier ausgelegtes Backblech setzen, mit dem Küchenhandtuch abdecken und noch einmal für 15 Minuten gehen lassen.

5. Den Backofen auf 200 °C Ober-/Unterhitze vorheizen. Das Ei mit 1 Esslöffel Wasser verrühren und die Burger-Brötchen damit bepinseln. Mit Sesam bestreuen und in der Mitte des vorgeheizten Ofens circa 12–15 Minuten backen, bis die Burger goldbraun gebacken sind. Anschließend gut abkühlen lassen.

6. Die Burger-Brötchen lassen sich prima einfrieren und bei Bedarf wieder aufbacken.

| | |
|---|---|
| **Zubereitungszeit:** | **15 Min. + 75 Min. Gehzeit** |
| **Backzeit:** | **12 bis 15 Min.** |

SOUNDTRACK ZUM GRILLEN

**Small Faces:**
**Song of a Baker**

**Chet Baker:**
**That old Feeling**

# Bruschetta vom Grill

**... oder auch einfach „Grill-Brote“.**

## ZUTATEN

- **4 dicke Scheiben helles Sauerteigbrot (zum Beispiel Italienisches Landbrot)**
- **2 Knoblauchzehen**
- **2 reife Tomaten**
- **2 Kugeln Burrata**
- **4 EL Olivenöl**
- **Meersalz**
- **frisch gemahlener schwarzer Pfeffer**
- **2–3 Stängel Basilikum**

## ZUBEREITUNG

1. Die Brotscheiben bei indirekter Hitze (am Rand des Grills) von beiden Seiten goldbraun rösten.

2. In der Zwischenzeit den Knoblauch schälen und halbieren, die Tomaten waschen, Stielansätze und Kerne entfernen und das Fruchtfleisch würfeln. Den Burrata halbieren, das Basilikum waschen und trocken schütteln, die Blättchen abzupfen.

3. Sobald die Brotscheiben geröstet sind, jede Scheibe zunächst mit der Schnittfläche einer halben Knoblauchzehe einreiben. Tomatenwürfel aufs Brot geben und je ½ Burrata über den Tomaten zerzupfen.

4. Jeweils 1 Esslöffel voll Olivenöl über das Brot träufeln, mit Salz und Pfeffer würzen und mit Basilikumblättchen bestreuen.

| | |
|---|---|
| **Zubereitungszeit:** | **10 Min.** |
| **Beer:** | **Indian Pale Lager z.B. Goodbeer dryhopped (Tiny Batch)** |
| **Wine:** | **Sauvigon Blanc** |

SOUNDTRACK ZUM GRILLEN

**Adriano Celentano: Azzurro**

**Italian Social Club: Bruschetta Cheese**

VEDETT

# POCKET PIZZA
## (CALZONE VOM GRILL)

**Hier wird der Grill eingeheizt, während der Teig geht und alle anderen Zutaten vorbereitet werden. Den Pizzastein etwa 10 Minuten vor dem Backen auf den Grill legen, damit er schon einmal „warm“ werden kann.**

### ZUTATEN

**Für den Teig:**

- 1 TL Trockenhefe
- ¼ TL Zucker
- 180 ml lauwarmes Wasser
- 225 g Mehl + gegebenenfalls etwas mehr
- 1 TL Salz
- 1 TL Olivenöl

### ZUBEREITUNG

1. Die Hefe und den Zucker im lauwarmen Wasser auflösen. Etwa 10 Minuten stehen lassen, bis die Mischung anfängt, Blasen zu werfen.

2. Das Mehl in eine große Schüssel sieben und mit dem Salz vermischen. Eine Kuhle in die Mitte drücken und die Hefe-Zucker-Mischung sowie das Olivenöl hinzufügen. Mit den Knethaken der Küchenmaschine zu einem glatten Teig verarbeiten.

3. Anschließend die Schüssel mit einem feuchten Geschirrtuch abdecken und an einen warmen Ort stellen; dort mindestens 30 Minuten gehen lassen.

4. Den Teig auf eine bemehlte Arbeitsfläche geben und mit den Händen noch einmal gut durchkneten. Dabei bei Bedarf noch etwas Mehl hinzufügen – der Teig sollte nicht zu klebrig sein.

5. Den Teig nun zu 4 gleich großen Kugeln formen, leicht mit Mehl bestäuben und noch einmal abgedeckt für 10 Minuten ruhen lassen.

**Für den Belag:**

- 200 ml passierte Tomaten
- 2 TL getrocknete Italienische Kräuter
- Salz
- frisch gemahlener schwarzer Pfeffer
- Mozzarella, Kirschtomaten, Paprika, Oliven, Kapern, Thunfisch, Schinken, Salami
- 1 EL Olivenöl
- 1 Pizzastein

1. Jede Teigkugel auf etwas Mehl zu einem Kreis mit circa 20 Zentimeter Durchmesser ausrollen. Den Rand rundherum alle 3–4 Zentimeter circa 1 Zentimeter einschneiden.

2. Die eine Hälfte mit etwas Tomatensauce bestreichen, dabei den Rand frei lassen. Die Tomatensauce mit den gewünschten Zutaten belegen, dann die „leere“ Teighälfte über die Pizza klappen. Die eingeschnittenen Teigränder ineinanderklappen und leicht festdrücken.

3. Die Pizzataschen mit etwas Olivenöl bestreichen und auf dem heißen Pizzastein circa 25–30 Minuten backen, zwischendurch wenden.

| | |
|---|---|
| **Zubereitungszeit:** | **20 Min. + 50 Min. Gehzeit** |
| **Grillzeit:** | **25 bis 30 Min.** |
| **Beer:** | **Helles z.B. Mista Callista Spezial (Tiny Batch)** |
| **Wine:** | **Nero d'Avola, Grauburgunder / Chardonnay** |
| **Whisky:** | **Glenmorangie** |

SOUNDTRACK ZUM GRILLEN

**Dean Martin:**
**That's Amore**

**Luis prima:**
**Buona Sera**

# BURGERS on Brown Bread

**Die rustikale Version für Gesundheitsbewusste!**

## ZUTATEN

- 1 Roggenbrötchen vom Vortag
- 1 kleine rote Zwiebel
- 1 EL Butter
- 500 g Rinderhack
- 2–3 Stängel Majoran
- 1 TL Dijonsenf
- 1 Ei
- Salz
- frisch gemahlener schwarzer Pfeffer
- 2 EL Olivenöl
- 8 Scheiben Vollkornbrot
- 50 g Postelein, Rucola oder Kresse
- Frischkäse nach Belieben

## ZUBEREITUNG

1. Das Roggenbrötchen für etwa 5 Minuten in lauwarmem Wasser einweichen. Anschließend etwas ausdrücken, dann in dünne Scheiben schneiden und in eine große Schüssel geben.

2. Die Zwiebel schälen und sehr fein hacken. In 1 Esslöffel Butter 3–4 Minuten glasig dünsten. Vom Herd nehmen und etwas abkühlen lassen, dann zum Roggenbrötchen in die Schüssel geben.

3. Das Hackfleisch ebenfalls in die Schüssel geben. Den Majoran waschen und trocken schütteln, die Blättchen abzupfen und fein hacken. Zusammen mit dem Senf und dem Ei zum Hackfleisch geben und kräftig mit Salz und Pfeffer würzen. Mit den Händen zu einer homogenen Masse verkneten, dann zu 8 etwa gleich großen Buletten formen.

4. Die Buletten rundherum mit etwas Olivenöl bestreichen und auf dem heißen Grill bei direkter Hitze etwa 8–10 Minuten grillen, zwischendurch wenden.

5. Die Buletten im Ganzen oder in Scheiben geschnitten zwischen zwei Scheiben Vollkornbrot anrichten und mit Postelein, Rauke oder Kresse bestreut servieren.

6. Das Vollkornbrot nach Wunsch mit etwas Frischkäse bestreichen.

| | |
|---|---|
| **Zubereitungszeit:** | **20 Min.** |
| **Grillzeit:** | **8 bis 10 Min.** |
| **Beer:** | **Hefeweizen, z.B. von Gutmann** |
| **Wine:** | **Syrah, Teroldego, Grenache** |
| **Whiskey:** | **Tullamore Dew, Irish Whiskey** |

SOUNDTRACK ZUM GRILLEN

**Nina Simone:**
**Feeling Good**

**Jean Knight:**
**Mr. Big Stuff**

# SCHINKEN KÄSE STOCKBROT

**Die Stöcke sollten hier unbedingt lang genug sein, damit kleine und große Grillmeister nicht zu nah am Feuer stehen!**

## ZUTATEN

- **1 Würfel Hefe**
- **1 TL flüssiger Honig**
- **250 ml lauwarmes Wasser**
- **500 g Mehl**
- **1 EL Salz**
- **2 EL Olivenöl**
- **1 TL getrockneter Oregano**
- **200 g gekochter Schinken**
- **100 g geriebener Käse**

**Außerdem: 4 lange Stöcke**

## ZUBEREITUNG

1. Die Hefe in eine kleine Schüssel bröckeln und mit dem Honig und dem lauwarmen Wasser vermischen. Umrühren, bis sich die Hefe vollständig aufgelöst hat. Die Mischung etwa 10 Minuten stehen lassen.

2. Das Mehl in eine große Schüssel sieben und mit dem Salz vermischen. Eine Kuhle in die Mitte formen und die Hefe-Wasser-Mischung hineingießen. Alles mit den Knethaken der Küchenmaschine zu einem glatten Teig verarbeiten. Abgedeckt an einem warmen Ort etwa 30 Minuten gehen lassen.

3. Den Teig auf einer bemehlten Arbeitsfläche noch einmal mit den Händen durchkneten, dann zu einem circa 30 × 40 Zentimeter großen Rechteck ausrollen. Teig von der längeren Seite aus in 4 etwa 10 Zentimeter breite Streifen schneiden.

4. 1 Esslöffel Olivenöl mit dem getrockneten Oregano verrühren und auf die Teigstreifen streichen, dabei den Rand etwas frei lassen.

5. Den Schinken ebenfalls in Streifen schneiden und auf den Teig legen, dann den geriebenen Käse daraufgeben. Nun die Teigstreifen der Länge nach zusammenklappen, dabei am Rand etwas festdrücken.

6. Die gefüllten Teigstreifen um die Stöcke wickeln und die Enden feststecken. Mit dem restlichen Olivenöl bepinseln.

7. Das Stockbrot 8–10 Minuten über der heißen Glut bei direkter Hitze rundherum backen, bis der Teig leicht gebräunt ist.

| | |
|---|---|
| **Zubereitungszeit:** | **15 Min. + 40 Min. Gehzeit** |
| **Grillzeit:** | **8 bis 10 Min.** |
| **Beer:** | **Helles z.B. Mista Callista Spezial (Tiny Batch)** |
| **Wine:** | **Riesling, Merlot** |
| **Whiskey:** | **Woodford Reserve** |

SOUNDTRACK ZUM GRILLEN

**The BossHoss ft. Mimi & Josy: Little Help**

**Ronnie Self: Pretty Bad Blues**

# PITA DE LUXE MIT STEAKSTREIFEN

**Gyros war gestern!**

## ZUTATEN

- 250 g Zucchini
- 150 g Maiskörner aus der Dose
- 2 EL Olivenöl
- ¼ TL Chiliflocken
- Salz
- frisch gemahlener schwarzer Pfeffer
- ½ Bund Koriander
- 2 Rumpsteaks à circa 300 g
- 1 rundes Fladenbrot

## ZUBEREITUNG

1. Die Zucchini waschen, anschließend quer in Scheiben, dann in Streifen schneiden. Den Mais abgießen und gut abtropfen lassen.

2. Eine kleine gusseiserne Pfanne auf den heißen Grill stellen und 1 Esslöffel Olivenöl darin erhitzen. Zucchini und Mais etwa 3–4 Minuten anbraten, dann mit Chiliflocken, Salz und Pfeffer würzen. Die Pfanne vom Grill nehmen und das Gemüse etwas abkühlen lassen.

3. Den Koriander waschen und trocken schütteln, die Blättchen und die feinen Stiele fein hacken und zur Seite stellen.

4. Die Rumpsteaks mit 1 Esslöffel Olivenöl einreiben und auf dem heißen Rost bei direkter Hitze circa 5 Minuten grillen. Die Steaks wenden und für weitere 5 Minuten grillen. Dabei sollte Saft aus dem Fleisch austreten. Das Fleisch vom Grill nehmen, in Alufolie wickeln und für weitere 5 Minuten im eigenen Saft ruhen lassen.

5. Das Fladenbrot von beiden Seiten für jeweils 1 Minute auf den Grill legen. Das Fladenbrot vierteln und jedes Viertel als Tasche einschneiden.

6. Die Rumpsteaks in Streifen schneiden und zusammen mit dem Gemüse und dem Koriander auf die Fladenbrottaschen verteilen.

7. Dazu passt die Guacamole von Seite 169 oder die Southern Style Remoulade von Seite 172.

| | |
|---|---|
| **Zubereitungszeit:** | 10 Min. |
| **Grillzeit:** | 10 Min. für das Fleisch + 4 Min. für das Gemüse + 2 Min. für das Fladenbrot |
| **Beer:** | Indian Pale Lager z.B. Goodbeer dryhopped (Tiny Batch) |
| **Wine:** | Spätburgunder Rosé, Chardonnay |
| **Whiskey:** | Wild Turkey Bourbon |

SOUNDTRACK ZUM GRILLEN

**Dr. Feelgood:**
**She does it right**

**The Stooges:**
**Raw Power**

Stefan Bühler

# FOR SAFETY REASONS

**Mach doch zur Sicherheit erst mal eine richtige Ausbildung", sagten meine Eltern, als ich ihnen mitteilte, dass ich professioneller Musiker werden will. Und was macht ein braver Sohn? Er hört auf seine Eltern. Und so begann ich erst mal eine Ausbildung zum Tontechniker. Sicher ist sicher …**

## CURRYWORSTS

Ich bin in Rheinfelden (Baden) geboren und mit 5 Jahren nach Eschborn bei Frankfurt am Main gezogen. Mit 16 habe ich angefangen, Gitarre zu spielen. Meine erste richtige Band hieß Curryworsts. Wir spielten Songs von Guns n' Roses, AC/DC oder Aerosmith. Ich war auch ein großer Fan von Eric Clapton, ebenso mag ich bis heute Keith Richards oder Jimi Hendrix. Unser allererstes Livekonzert fand damals in der Aula in meiner Schule statt und später traten wir vor allem in Jugendzentren in der Umgebung von Frankfurt auf. Von uns allen damals in der Band war ich der Einzige, der gemerkt hat: Musik, das ist wirklich mein Ding, meine Sprache, da fühl ich mich zu Hause. Das will ich später mal als Beruf machen.

## WAIT AND SEE

Mit 18 ist man natürlich noch nicht so richtig fokussiert, also hörte ich auf den Rat meiner Eltern und machte eine Ausbildung als Tontechniker. Abends spielte ich in Coverbands in Sachsenhausen und verdiente so mein erstes Geld. Das ging mehrere Jahre so. In Frankfurt studierte ich an einer privaten Musikhochschule, in der Frankfurter Musikwerkstatt FMW. 1997 zog ich schließlich nach Berlin. Dort studierte ich noch mal an der Hochschule für Musik Hanns Eisler Berlin ein paar Semester Jazzgitarre und Klavier.

Die Idee, nach Berlin zu gehen, hatte ich wegen der Musik. Ich wollte in eine Stadt, in der musikalisch mehr los war als in Frankfurt. Mein Frankfurter Lehrer kam ursprünglich aus Köln, also habe ich mir zuerst mal Köln angeschaut, bin dann aber gleich weiter nach Berlin zu einem Freund. Der war Schlagzeuger und stammte ebenfalls aus Frankfurt. Berlin gefiel mir sehr gut, als Musiker und überhaupt. Also zog ich da einfach hin, ohne wirklich groß jemanden zu kennen. Ich dachte: einfach mal schauen, was passiert.

## CHILLUN & MOTORWAX

In Berlin spielte ich in der Anfangszeit in einer Band mit Knut Knutson, die Band hieß Knutson. Knut hatte einen Manager, der auch Sascha managte, wenn ich mich richtig erinnere. Jedenfalls waren die beiden befreundet. Der Manager hieß Dany Rau, und über den lernte ich Sascha kennen. Mit Sascha hatte ich in der Folge verschiedene Projekte – Chillun und Motorwax. Bei Motorwax kamen dann auch Tobi und Ansgar dazu.

Bei The BossHoss war ich beim zweiten oder dritten Gig im Rosi's in Friedrichshain dabei. Da war das noch so ein reines Spaßprojekt. Ich musste zu der Zeit schon als Musiker richtig Geld für meinen Lebensunterhalt verdienen und hatte viele Jobs im Studio und als Tourmusiker. Deswegen war ich in der frühen Anfangszeit der Band nicht dabei. Die anderen hatten damals noch alle ihre Jobs, aber ich lebte schon von der Musik und musste schauen, wie ich Geld ranschaffe.

Nach zwei Jahren trafen wir uns durch Zufall mal wieder im Café Schwarzsauer und dann hieß es: „Wir brauchen einen neuen Gitarristen. Wie sieht's denn bei dir aus?" So haben wir uns wieder zusammengetan. Das war toll, denn die Band lief schon richtig gut, die erste Platte ging ja gleich Gold. Die anstehende Tour in Kanada war so eine Art Probephase für uns alle. Vancouver und einmal quer rüber von West nach Ost mit zehn Gigs. Man grübelt ja ein bisschen, ob die da wirklich auf eine deutsche Band gewartet haben. Aber mein Eindruck war, dass die meisten Leute im Publikum gar nicht wirklich gemerkt haben, dass wir Deutsche sind.

Es war wirklich cool, in Toronto hatten wir 400 Leute im Saal! Spätestens nach der Tour wussten wir, dass wir zusammenpassen. Die Chemie muss schon stimmen, denn man verbringt ja sehr viel Zeit miteinander.

## SONICS & BOOZE

Ich produziere auch andere Bands, ich habe zu Hause ein kleines Studio, wo wir Songwriting oder Demos machen, zum Beispiel für Bob Harz, eine Band von mir zusammen mit Peer Neumann, oder für Hartmut Horst, das geht so ein bisschen in die Lindenberg-Richtung. Mein Hauptjob ist natürlich The BossHoss. Da drehen wir ein großes Rad. Manchmal staune ich immer noch, wie schnell das alles ging, wie groß die Hallen und Festivals heute sind. Früher war das schon direkter und einfacher, auch von der Produktion her. Heute sind da wahnsinnig viele Leute mit uns unterwegs und betreiben einen Riesenaufwand, bis alles auf der Bühne ist. Gelegentlich spielen wir aber immer noch auf kleineren Bühnen. Da ist dann nicht alles abgesprochen und spontaner, mehr Rock 'n' Roll.

Ich finde beides schön. Egal ob großer oder kleiner Gig, wir haben immer ein Ritual vor dem Auftritt. Es wird „BossHoss" von den Sonics gespielt und alle umarmen sich hinter der Bühne. Dann gibt's einen Wodka. Und los geht's! Nach dem Set brauche ich dann mal kurz Ruhe, andere sind da wesentlich mitteilungsbedürftiger. Teilweise wird sofort diskutiert, wenn etwas nicht so gelaufen ist wie geplant. Bis das Adrenalin dann nachlässt. So oft wir live spielen, Routine ist das nie.

## HOME SWEET HOME

Erfolg hin oder her, man hebt nicht ab. Wir sagen immer: Man kommt von der Tour nach Hause in die Küche und keiner klatscht. Zu Hause muss

man erst mal den Müll runterbringen, Wäsche aufhängen und diese Sachen. Dieser Break ist natürlich erst mal gewöhnungsbedürftig. Andererseits sind die Grenzen bei uns fließend, denn die Band ist schon auch Familie. Wir treffen uns privat, unsere Kinder kennen sich ebenfalls, haben eine Clique zusammen.

Ich bin gerne zu Hause und interessiere mich für Wein und gutes Essen. Ich liebe es zu kochen und probiere immer neue Rezepte aus. Manchmal veranstalten wir etwas größere Events in unserer großen offenen Küche. Da kommen die Freunde und wir kochen zusammen. Im Freundeskreis gibt es mehrere, die dieses Interesse

teilen. Das macht Spaß, auch mit den entsprechenden Weinen.

## NO BEER, NO CARBS

In der Anfangsphase von The BossHoss waren wir essenstechnisch nicht sehr verwöhnt, aber als der Erfolg da war, haben wir auf Tour großen Wert auf gute Ernährung gelegt. Manchmal haben wir das mit dem Catering-Rider übertrieben. Ich äußerte ganz spezielle Weinwünsche – der Jahrgang von einem bestimmten italienischen Wein und so was. Irgendwann sagten wir uns aber: Wir geben so viel Geld fürs Essen aus, das reduzieren wir jetzt wieder ein bisschen.

Wir hatten sogar mal eine richtige Gesundheitsphase mit Ernährungsplänen und Trockenfrüchten. Das war zu der Zeit, als wir mit einem Personal Trainer zusammenarbeiteten. Vor dem Dos-Bros-Video hieß es nämlich: „Ihr müsst jetzt mal ein bisschen abspecken und fit werden."

Weil wir gut aussehen wollten für das Video, haben wir trainiert – so gut wir konnten: Morgens um halb neun kamen wir völlig verpennt zum Training, so als wären wir gerade aus der Kneipe gefallen. Das war schon hart: dreimal die Woche Functional Training und CrossFit. Die haben uns echt rangenommen: kein Alk, keine Kohlenhydrate. Zwischendurch dann noch Cardio. Da haben wir richtig viel abgenommen. Für die Fitness war das schon ganz gut. Das müsste man eigentlich mal wieder machen.

### TOP SONGS:

Jimi Hendrix:
„Voodoo Child"

The Rolling Stones:
„Sympathy for the Devil"

Guns n' Roses:
„Paradise City",
„Welcome To the Jungle"

# HAPPY WITHOUT MEAT

SIR FRANK DOE'S

# Crusty turmeric Cauliflower

**Kurkuma-Power für Blumenkohl!**

## ZUTATEN

- 50 g Senf
- 1 EL Bratöl
- ½ TL Zitronensaft
- 1 TL süßes Paprikapulver
- 1 TL gemahlener Kurkuma
- ½ TL frisch gemahlener schwarzer Pfeffer
- ½ TL Salz
- 1 Blumenkohl
- 1 TL grobes Meersalz

## ZUBEREITUNG

1. Den Senf mit Öl, Zitronensaft und den Gewürzen vermischen und daraus die Marinade herstellen.

2. Den Blumenkohl waschen und mit der Marinade einstreichen und zur Seite stellen.

3. Nach beliebiger Zeit – entweder sofort oder nach etwa 30 Minuten im Kühlschrank – den Blumenkohl in 6 oder auch 8 Ecken schneiden (je nach Blumenkohlgröße), sodass die Röschen noch am Stamm hängen bleiben können.

4. Die Blumenkohlstücke von beiden Seiten jeweils 5 Minuten angrillen, bis sie dunkelbraun und weicher werden. Die kleinen Schnittreste vom Blumenkohl können ebenso in einer Grillschale unter Wenden angegrillt werden.

5. Mit grobem Meersalz bestreuen und servieren.

| | |
|---|---|
| **Zubereitungszeit:** | **10 Min. + 30 Min. Marinieren** |
| **Grillzeit:** | **10 Min.** |
| **Beer:** | **Lagerbier z.B. Goodbeer unfiltered (Tiny Batch)** |
| **Wine:** | **Riesling Sekt, Elbling** |
| **Whiskey:** | **I.W. Harper** |

SOUNDTRACK ZUM GRILLEN

**The Rattles:**
**Cauliflower**

**The BossHoss:**
**Live it up**

# SIR FRANK DOE'S SMOKED ONION BURGER

## ZUTATEN

- 2 TL Flohsamenschalen
- 1 EL Leinsamenmehl
- 1 Zwiebel
- 150 g Champignons
- 1 TL Rauchsalz
- etwas Apfelessig
- 75 g Walnüsse
- 100 g Karotte
- 100 g Kartoffeln
- 100 g Süßkartoffel
- 1 TL gemahlener Kreuzkümmel
- 1 TL gemahlener Koriander
- 1 TL Paprikapulver edelsüß
- ½ TL frisch gemahlener schwarzer Pfeffer
- 1 TL Zitronensaft
- 200 g gekochte schwarze Bohnen, grob zerdrückt
- 40 g Kartoffelmehl
- 75 g Haferflocken

## ZUBEREITUNG

1. Flohsamenschalen und Leinsamen mit 6 Esslöffeln Wasser mischen und in einer großen Teigschüssel verrühren, dann beiseitestellen.

2. Die Zwiebeln und die Champignons klein schneiden und in etwas Öl anbraten, bis sie weich und golden sind, dann mit Rauchsalz würzen und leicht schmoren lassen. Je dunkler, desto besser. Mit etwas Apfelessig ablöschen.

3. Walnüsse im Mörser grob zerkleinern und in die Teigschüssel geben.

4. Die Karotte, Kartoffeln und Süßkartoffeln grob in einer Küchenmaschine oder einem Blender zerkleinern und ebenfalls in die Teigschüssel geben.

5. Die Gewürze, den Zitronensaft, die grob zerdrückten schwarzen Bohnen und das Kartoffelmehl in die Teigschüssel geben und alles zu einem groben Teig kneten. Den Teig für 30 Minuten in den Kühlschrank stellen. Das erhöht die Teigstabilität.

6. Aus dem Teig 6 Kugeln formen, diese zu etwa 10 × 10 Zentimeter großen Pattys formen, dann platt drücken und beide Seiten mit Bratöl einstreichen.

7. Bei 180 °C für 15 Minuten backen, wenden und weitere 15 Minuten backen.

## FÜR DIE BURGER-AUFLAGE:

- 3 Zwiebeln
- etwas Apfelessig
- 3 saure Gurken
- 1–2 Tomaten
- 6 Salatblätter
- 6 vegane Burger Buns
- 15 einzelne Tortilla-Chips
- etwas Ketchup
- etwas Senf
- vegane Mayonnaise
- 12 Jalapeños

1. Die Zwiebeln in Ringe schneiden, in etwas Öl anbraten und schmoren lassen, bis die Pattys fertig sind. Mit etwas Apfelessig ablöschen.

2. Die sauren Gurken längs in Scheiben schneiden, die Tomaten in runde Scheiben schneiden.

3. Je 1 Salatblatt auf jedem Burger Bun anrichten.

4. Je 1 Patty nach dem Grillen auf 1 veganen Burger Bun mit je 1 Salatblatt, Gurken- und Tomatenscheiben, angebratenen Zwiebeln und 2–3 Tortilla-Chips anrichten und nach Belieben mit Ketchup, Senf, veganer Mayonnaise, sowie Jalapeños servieren.

| | |
|---|---|
| Zubereitungszeit: | 5 Min. |
| Grillzeit: | ca. 2 Std. und 6 Min. + 15 Min. Ruhezeit |
| Beer: | Helles z.B. Mista Callista Spezial (Tiny Batch) |
| Wine: | Grauburgunder, Chardonnay |
| Whiskey: | Greenore Irish Whiskey |

SOUNDTRACK ZUM GRILLEN

Marvin Gay & Tammi Terrell: The Onion Song

Booker T & the M.G.'s: Green Onions

HARLEY
AVIDSO

# SPICY GRILLED HALLOUMI BURGER

**Hot Veggie on the Bun …**

## ZUTATEN

- 250 g Halloumi
- 2 kleine Zucchini
- 1 rote Chilischote
- ½ Bund Koriander
- Schale und Saft von 1 unbehandelten Limette
- 2 TL Ahornsirup
- 2 EL Olivenöl
- 1 gute Handvoll Rucola
- Salz
- frisch gemahlener schwarzer Pfeffer
- 4 Burger Buns (siehe Rezept Seite 89)
- 4 EL Kichererbsencreme

**Für die Kichererbsencreme:**

- 1 Glas Kichererbsen
- 2 Knoblauchzehen
- Meersalz
- 100 g Tahini (Sesampaste aus dem Glas)
- 1 unbehandelte Zitrone
- 1 Prise Kreuzkümmel
- 3 EL Olivenöl

## ZUBEREITUNG

1. Den Halloumi in circa 0,5 Zentimeter dicke Scheiben schneiden. Die Zucchini waschen, die Enden abschneiden, anschließend der Länge nach ebenfalls in circa 0,5 Zentimeter dicke Scheiben schneiden. Halloumi und Zucchini in eine flache Schale legen.

2. Die Chilischote waschen und in sehr feine Ringe schneiden. Den Koriander waschen und trocken schütteln, die Blättchen abzupfen und fein hacken. Chili und Koriander mit dem Saft und der abgeriebenen Schale einer unbehandelten Limette, dem Ahornsirup und dem Olivenöl vermischen. Die Marinade über den Halloumi und die Zucchini geben, mit Frischhaltefolie abdecken und 30 Minuten ziehen lassen.

3. Den Rucola waschen und trocken schütteln.

4. Den Grill vorheizen. Zucchini und Halloumi aus der Marinade nehmen (restliche Marinade aufheben!) und bei indirekter Hitze circa 2–3 Minuten pro Seite grillen, anschließend mit Salz und Pfeffer würzen.

5. Die Burger-Brötchen halbieren und nach Wunsch kurz auf den Grill legen, bis sie leicht geröstet sind. Jeweils 1 Esslöffel Kichererbsencreme auf die untere Hälfte der Brötchen streichen. Mit gegrillter Zucchini und Halloumi belegen, etwas Rucola darübergeben und mit der restlichen Marinade beträufeln. Burger zuklappen und reinbeißen!

**Kichererbsencreme (vorher zubereiten):** Die Kichererbsen abgießen und mit dem Pürierstab pürieren. Die Knoblauchzehen schälen und mit Salz fein zerreiben. Zu den Kichererbsen geben und mit Tahini, Zitronensaft, Kreuzkümmel mischen, mit Salz abschmecken und zugedeckt 30 Minuten kalt stellen.

| | |
|---|---|
| Zubereitungszeit: | 15 Min. + 30 Min. Marinierzeit |
| Grillzeit: | 4 bis 6 Min. |
| Beer: | Fränkisches Helles z.B. von Mahrs Bräu |
| Wine: | Grauburgunder, Chardonnay |
| Whiskey: | Virginia Gentleman Bourbon |

SOUNDTRACK ZUM GRILLEN

**The Black Keys:** Heavy Soul

**The BossHoss:** Drop it like it's hot

# GEMÜSESPIESSE ASIA-STYLE

**It's time for Tempeh!**

## ZUTATEN

- **200 g Tempeh**
- **1 EL helle Sojasauce**
- **1 EL Erdnussöl**
- **1 TL cremige Erdnussbutter**
- **200 g Shiitakepilze**
- **1 kleine Zucchini**
- **1 Bund Frühlingszwiebeln**
- **½ Bund Koriander**

**Außerdem: Grillspieße**

## ZUBEREITUNG

1. Den Tempeh in etwa 3 Zentimeter große Würfel schneiden.

2. In einer kleinen Schüssel die Sojasauce mit dem Erdnussöl und der Erdnussbutter verrühren, gegebenenfalls 1 Teelöffel Wasser hinzufügen, falls die Sauce zu dick ist.

3. Tempeh in die Sauce geben, vorsichtig vermengen und abgedeckt circa 10 Minuten ziehen lassen.

4. Die Pilze putzen, die Zucchini waschen und in circa 1 Zentimeter dicke Scheiben schneiden. Die Frühlingszwiebeln waschen, putzen und in etwa 3 Zentimeter lange Stücke schneiden.

5. Tempeh, Pilze, Zucchini und Frühlingszwiebeln abwechselnd auf die Spieße stecken und bei indirekter Hitze (am Rand des Grills) etwa 10 Minuten grillen, zwischendurch wenden.

6. Den Koriander waschen und trocken schütteln, anschließend grob hacken und vor dem Servieren über die Spieße streuen.

| | |
|---|---|
| **Zubereitungszeit:** | **10 Min. + 10 Min. Marinierzeit** |
| **Grillzeit:** | **ca. 10 Min. bei indirekter Hitze** |
| **Beer:**<br>**Wine:**<br>**Whisky:** | **Hefeweizen z.B. von Gutmann**<br>**Grüner Veltliner**<br>**Penderyn Single Malt** |

**SOUNDTRACK ZUM GRILLEN**

**Ike & Tina Turner: Too hot to hold**

**Eagles of Death Metal: Stuck in the Metal**

# KARAMELLISIERTER GRÜNER SPARGEL MIT COCKTAILTOMATEN

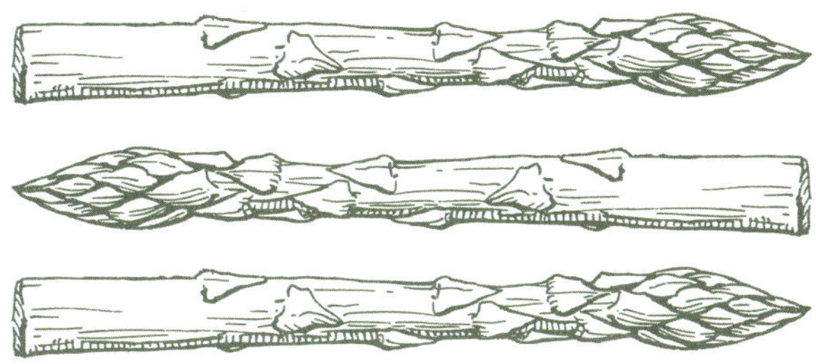

**Sir Frank Doe's Green Rifles – supersimpel und fantastisch im Geschmack!**

## ZUTATEN

- **500 g grüner Spargel**
- **1 TL Ahornsirup**
- **1 EL Bratöl**
- **½ TL Salz**
- **1 Messerspitze Rauchsalz**
- **100 g Cocktailtomaten**

## ZUBEREITUNG

1. Den Grünen Spargel waschen, die Enden 1 Zentimeter über dem Stumpf abschneiden und die untere Hälfte schälen.

2. Den Ahornsirup mit dem Öl und beiden Salzsorten mischen und den Spargel damit bestreichen. Etwa 30 Minuten stehen lassen.

3. Den marinierten Spargel grillen, bis er rundum deutlich angebräunt ist.

4. Die Cocktailtomaten mit einer Gabel oder einem Messer anpieksen und in einer Grillschale so lange grillen, bis sie etwas in sich zusammenfallen.

5. Alles zusammen auf einer warmen Platte anrichten, mit dem Rauchsalz würzen und servieren.

| | |
|---|---|
| **Zubereitungszeit:** | **20 Min. + 30 Min. Marinierzeit** |
| **Grillzeit:** | **10 Min.** |
| **Beer:** | **Indian Pale Lager z.B. Goodbeer dryhopped (Tiny Batch)** |
| **Wine:** | **Silvaner (jung), Sauvignon Blanc** |
| **Whiskey:** | **Rebel Yell, Bourbon** |

SOUNDTRACK ZUM GRILLEN

**Danko Jones:**
**Sticky Situation**

**The Rolling Stones:**
**Brown Sugar**

# Feta im Mangoldblatt

**GGG – Grüner Gruß aus Griechenland.**

## ZUTATEN

- **4 große Mangoldblätter**
- **2 EL Olivenöl**
- **200 g Fetakäse**
- **je 2 Zweige gemischte Kräuter, z. B. Rosmarin, Thymian, Oregano**
- **Saft von ½ Zitrone**
- **Baguette zum Servieren**

**Außerdem:**
**4 Holzspieße**

## ZUBEREITUNG

1. Die Mangoldblätter waschen, trocken tupfen und den Stiel beziehungsweise den harten Strunk keilförmig herausschneiden. Anschließend die Blätter von einer Seite mit Olivenöl bepinseln.

2. Den Fetakäse in 4 gleich große Stücke schneiden und jedes in die Mitte eines Mangoldblattes setzen.

3. Die Kräuter waschen und trocken schütteln, anschließend die Blättchen abzupfen und fein hacken. Die gehackten Kräuter über den Fetakäse streuen und mit etwas Zitronensaft beträufeln.

4. Nun den Käse so ins Mangoldblatt einwickeln, dass ein Päckchen entsteht. Das Mangoldblatt mithilfe des Holzspießes so feststecken, dass das Päckchen nicht mehr aufgeht.

5. Die Spieße nahe der Glut für circa 15 Minuten grillen, bis der Käse weich ist. Zwischendurch wenden.

6. Die Spieße auf Teller legen, vorsichtig herausziehen, die Mangoldpäckchen öffnen und den Käse am besten mit einem Stück Baguette auftunken.

| | |
|---|---|
| **Zubereitungszeit:** | **10 Min.** |
| **Grillzeit:** | **ca. 15 Min.** |
| **Beer:** | **Fränkisches Helles z.B. von Mahrs Bräu** |
| **Wine:** | **Riesling Feinherb, Grauburgunder** |
| **Whiskey:** | **Rowan's Creek Bourbon** |

SOUNDTRACK ZUM GRILLEN

**Angus & Julia Stone:**
**Big Jet Plane**

**Sam & Dave:**
**Wrap it up**

# SWEET hasselback POTATOE

**Am besten mit Ingwerbutter und Brie!**

## ZUTATEN

- 4 möglichst gleich große Süßkartoffeln à circa 250 g
- 50 g Butter
- 1 Stück Ingwer, circa 2 cm lang
- ½ Bund Schnittlauch
- ½ TL Meersalz
- 100 g Briekäse

## ZUBEREITUNG

1. Die Süßkartoffeln samt Schale waschen, anschließend in einem großen Topf mit Salzwasser circa 10 Minuten vorkochen. Abgießen und etwas abkühlen lassen.

2. Dann mit einem scharfen Messer im Abstand von circa 0,5 Zentimetern einschneiden, aber nicht ganz durchschneiden! Jede Süßkartoffel auf ein ausreichend großes Stück Alufolie setzen, sodass die Süßkartoffel komplett eingewickelt werden kann.

3. Die Butter in eine kleine Schüssel geben. Den Ingwer schälen, reiben oder sehr fein hacken und zur Butter geben. Den Schnittlauch waschen, trocken schütteln und in feine Röllchen schneiden. Ebenfalls zur Butter geben und mit einer Gabel alles gut durchmengen. Mit Meersalz würzen.

4. Die Ingwerbutter in kleinen Flöckchen über den Süßkartoffeln verteilen, dabei möglichst auch etwas in die Süßkartoffelfächer schieben. Nun die Süßkartoffeln vollständig in der Alufolie einwickeln und in die heiße Glut legen. Etwa 30 Minuten in der heißen Glut garen, dabei zwischendurch vorsichtig mit der Grillzange wenden.

5. Den Brie in feine Scheiben schneiden. Die Süßkartoffeln aus der Glut holen und vorsichtig die Alufolie aufschlagen. Den Käse zwischen die Fächer stecken, die Alufolie noch einmal zuschlagen und die Süßkartoffeln etwa 5 Minuten ruhen lassen.

6. Die Hasselback-Süßkartoffeln vollständig auswickeln und zum Servieren auf Teller setzen.

| | |
|---|---|
| **Zubereitungszeit:** | **15 Min.** |
| **Grillzeit:** | **ca. 30 Min.** |
| **Beer:** | **Indian Pale Lager z.B. Goodbeer dryhopped (Tiny Batch)** |
| **Wine:** | **Spätburgunder, Chardonnay** |
| **Whiskey:** | **Old Crow Bourbon** |

SOUNDTRACK ZUM GRILLEN

**Pokey LaFarge: Sweet Potato Blues**

**Catfish Keith: Sweet Potatoes**

# CHOPPED PUMPKIN
## WITH PESTO DRESSING

**Würzig und knusprig.**

### ZUTATEN

- **1 Bund glatte Petersilie**
- **100 g Kürbiskerne**
- **circa 120 ml Olivenöl, gegebenenfalls etwas mehr**
- **grobes Meersalz**
- **1 Spritzer Zitronensaft**
- **1 kleiner Hokkaido Kürbis, circa 1 kg**
- **2 EL Olivenöl + 1 EL extra für den Grillrost**
- **1 EL flüssiger Honig**
- **½ TL Chiliflocken**

### ZUBEREITUNG

1. Für das Pesto die Petersilie waschen und trocken schütteln, die Blätter abzupfen und in ein hohes Gefäß geben.

2. Die Kürbiskerne in einer beschichteten Pfanne ohne Fett rösten, bis sie anfangen zu knacken und leicht braun werden. Vom Herd nehmen, abkühlen lassen und zur Petersilie geben.

3. Olivenöl, Meersalz und 1 Spritzer Zitronensaft dazugeben und alles mit dem Pürierstab nicht zu fein pürieren. Das Pesto darf ruhig ein bisschen grober sein. Gegebenenfalls noch einmal mit Salz und etwas Zitronensaft abschmecken, dann zur Seite stellen.

4. Den Kürbis halbieren, entkernen und die Schale entfernen. Anschließend den Kürbis in circa 2 Zentimeter dicke Spalten schneiden.

5. Das Olivenöl mit dem Honig verrühren, 2 Teelöffel Meersalz mit den Chiliflocken vermischen. Die Kürbisspalten mit der Olivenöl-Honig-Mischung bestreichen, anschließend mit dem Chilisalz bestreuen.

6. Den heißen Grillrost vorsichtig mit 1 Esslöffel Olivenöl bepinseln, dann die Kürbisspalten bei indirekter Hitze (am Rand des Grills) für etwa 4–5 Minuten pro Seite grillen.

7. Sobald der Kürbis weich ist, auf einen Teller legen und mit dem Kürbiskern-Pesto beträufelt servieren.

| | |
|---|---|
| **Zubereitungszeit:** | **20 Min.** |
| **Grillzeit:** | **8 bis 10 Min.** |
| **Beer:** | **Indian Pale Lager z.B. Goodbeer dryhopped (Tiny Batch)** |
| **Wine:** | **Sauvignon Blanc, Grauburgunder** |
| **Whiskey:** | **Michter's Bourbon** |

SOUNDTRACK ZUM GRILLEN

**The Smashing Pumpkins:**
**1979**

**Arthur Gunter:**
**Honey Babe**

# AUBERGINEN VOM GRILL

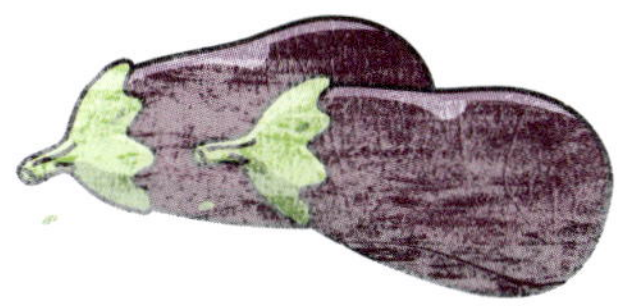

**# Hashtag Eggplant #**

## ZUTATEN

- **2 möglichst gleich große Auberginen**
- **8 EL Olivenöl**
- **Meersalz**
- **Saft und Schale von 1 unbehandelten Limette**
- **1 TL Ahornsirup**
- **1 kleine rote Chilischote**
- **1 kleines Bund Koriander**
- **frisch gemahlener schwarzer Pfeffer**

## ZUBEREITUNG

1. Die Auberginen waschen und die Enden abschneiden. Anschließend der Länge nach halbieren und mit einem scharfen Messer mehrfach kreuzweise tief einschneiden, sodass ein Rautenmuster entsteht. Darauf achten, dass die Schale ganz bleibt und nicht mit durchgeschnitten wird.

2. Die Schnittflächen der Auberginenhälften mit jeweils 1 Esslöffel Olivenöl bepinseln und mit Meersalz bestreuen. Die Auberginen zunächst mit der Schnittfläche nach unten für 10 Minuten bei indirekter Hitze grillen. Wenden und für weitere 10 Minuten mit der Schale nach unten grillen. Noch einmal wenden und die Auberginen in 10–15 Minuten fertig grillen, bis die Schnittflächen gebräunt sind und das Fruchtfleisch der Aubergine schön weich ist.

3. Während die Auberginen auf dem Grill sind, das Dressing zubereiten. Dafür Saft und fein abgeriebene Schale der Limette mit 1 Teelöffel Ahornsirup verrühren. Die restlichen 4 Esslöffel Olivenöl unterrühren.

4. Die Chilischote waschen und fein hacken, dabei je nach gewünschtem Schärfegrad die Kerne entfernen oder nicht. Den Koriander waschen und trocken schütteln, die Blättchen abzupfen und fein hacken. Chili und Koriander unterrühren und das Dressing mit Salz und wenig Pfeffer abschmecken.

5. Sobald die Auberginen gar sind, auf einen Teller legen und vorsichtig (Achtung, heiß!) etwas aufklappen. Das Dressing über die Schnittflächen träufeln und die Auberginen am besten direkt mit einem Löffel aus der Schale herauslöffeln.

| | |
|---|---|
| **Zubereitungszeit:** | **15 Min.** |
| **Grillzeit:** | **ca. 30 bis 35 Min.** |
| **Beer:** | **Belgisches Saison, z.B. Saison 1858** |
| **Wine:** | **Lambrusco Rot, Sangiovese** |
| **Whiskey:** | **Elijah Craig Bourbon** |

SOUNDTRACK ZUM GRILLEN

**Robert Johnson:**
**They're red hot**

**The Sonics:**
**The Witch**

# INDIAN FLATBREAD MIT PFIRSICH-SALSA

**Die Fladen werden bei direkter Hitze in einer gusseisernen Pfanne gebacken und schmecken am besten noch warm.**

## ZUTATEN

- **300 g Weizenmehl**
- **1 TL Backpulver**
- **½ TL Salz**
- **1 Prise Chilipulver**
- **½ flüssiger Honig**
- **7 EL Maisöl, ersatzweise Sonnenblumenöl**
- **125 ml warmes Wasser**

## ZUBEREITUNG

1. Das Mehl in eine große Schüssel geben und mit dem Backpulver, dem Salz und dem Chilipulver vermischen.

2. Den flüssigen Honig, 3 Esslöffel von dem Maisöl und 125 Milliliter warmes Wasser hinzufügen und alles mit den Händen oder einem Holzlöffel zu einem glatten Teig verarbeiten. Den Teig in 4 Portionen teilen und jeweils zu einer Kugel formen. Auf ein mit Mehl bestäubtes Küchenhandtuch setzen.

3. Eine gusseiserne Pfanne mit circa 23 Zentimeter Durchmesser in die Mitte des heißen Grills (auf den Rost) stellen. 1 Esslöffel Öl erhitzen und eine Kugel Teig auf die Größe der Pfanne ausrollen. Den Teigfladen in der heißen Pfanne von beiden Seiten etwa 3–4 Minuten goldbraun backen. Aus der Pfanne nehmen, auf einen Teller legen und leicht abkühlen lassen.

4. Mit dem restlichen Teig genauso verfahren, vorher jeweils 1 Esslöffel Öl in der Pfanne erhitzen.

5. Zu den Indianerfladen passt zum Beispiel die Pfirsich-Salsa von Seite 171 (aus dem Kapitel „Saucen & Marinaden“).

| | |
|---|---|
| **Zubereitungszeit:** | **10 Min.** |
| **Grillzeit:** | **ca. 6 bis 8 Min. pro Fladen** |
| **Beer:** | **Indian Pale Lager z.B. Goodbeer dryhopped (Tiny Batch)** |
| **Wine:** | **Weißburgunder, Riesling, Alvarinho** |
| **Whisky:** | **Mackmyra** |

SOUNDTRACK ZUM GRILLEN

**Caamp:**
**Peach Fuzz**

**Cornershop:**
**Brimful of Asha**

# GRILLED AVOCADO-SHIPS

**Simpel, aber gut!**

## ZUTATEN

- **2 Avocados, reif, aber nicht zu weich**
- **Saft von ½ Zitrone**
- **2 EL bestes Olivenöl**
- **grobes Meersalz**
- **frisch gemahlener schwarzer Pfeffer**

## ZUBEREITUNG

1. Die Avocados samt Schale halbieren und den Kern entfernen. Die Avocadohälften mit der flachen Seite nach unten bei direkter Hitze auf den Grill legen und etwa 3–4 Minuten grillen.

2. In der Zwischenzeit den Zitronensaft mit dem Olivenöl verrühren. Sobald die Avocados vom Grill kommen, die Zitronensaft-Olivenöl-Mischung darüberträufeln und mit grobem Meersalz und Pfeffer bestreuen.

**Tipp:** Am besten wird die Avocado direkt aus der Schale gelöffelt.

| | |
|---|---|
| **Zubereitungszeit:** | **5 Min.** |
| **Grillzeit:** | **wenige Min.** |
| **Beer:** | **Mexikanisches Lagerbier z.B. Corona Extra Bier** |
| **Wine:** | **Arneis, Roter Riesling** |
| **Whisky:** | **Gooderham & Worts, Canadian Whisky** |

SOUNDTRACK ZUM GRILLEN

**The Champs:**
**Tequila**

**Otis Redding:**
**Sitting on the Dock of the Bay**

funky funky

# Funky Sommersalat

## frisch & fruchtig

**Knackiges Gemüse trifft auf süße Früchtchen!**

---

### ZUTATEN

- 1 rote Spitzpaprika
- 1 Bio-Salatgurke
- ½ Honigmelone, z. B. Cantaloupe
- 200 g Himbeeren
- 1 Bund Frühlingszwiebeln
- je 1 Bund Basilikum und Koriander
- Schale und Saft von 1 unbehandelten Zitrone
- 1 TL Agavendicksaft
- 2 EL kaltes Wasser
- 3 EL Olivenöl
- Salz
- frisch gemahlener schwarzer Pfeffer

### ZUBEREITUNG

1. Die Paprika waschen, halbieren und entkernen, anschließend in circa 2 Zentimeter große Stücke schneiden. Die Gurke waschen, trocken abreiben und ebenfalls in etwa 2 Zentimeter große Stücke schneiden. Beides in eine große Schüssel geben.

2. Die Melone schälen und entkernen, ebenfalls in 2 Zentimeter große Stücke schneiden und zu Paprika und Gurke in die Schüssel geben.

3. Die Himbeeren, falls nötig, vorsichtig säubern beziehungsweise kurz mit kaltem Wasser abbrausen.

4. Die Frühlingszwiebeln waschen, putzen und schräg in sehr feine Ringe schneiden. Basilikum und Koriander waschen und trocken schütteln, die Blätter abzupfen und nur grob hacken oder zerzupfen.

5. Die Zitrone heiß abwaschen, abtrocknen und die Schale zum Salat in die Schüssel reiben.

6. Aus Zitronensaft, Agavendicksaft, kaltem Wasser und Olivenöl ein Dressing rühren und mit Salz und Pfeffer abschmecken. Zum Salat geben und vorsichtig vermischen.

7. Himbeeren, Frühlingszwiebeln und Kräuter zum Schluss über den Salat geben und nur noch einmal ganz vorsichtig unterheben.

---

| | |
|---|---|
| **Zubereitungszeit:** | **20 Min.** |
| **Beer:** | **Indian Pale Lager z.B. Goodbeer dryhopped (Tiny Batch)** |
| **Wine:** | **Alvarinho, Viognier** |
| **Whisky:** | **Crown Royal Canadian Whisky** |

SOUNDTRACK ZUM GRILLEN

**Mungo Jerry:**
**In the Summertime**

**Eddie Cochran:**
**Summertime Blues**

# PIMIENTOS DE PADRÓN MIT MEERSALZ UND ROSA PFEFFER

**Lassen sich wunderbar snacken, während das Fleisch auf dem Grill liegt.**

## ZUTATEN

- **200 g Pimientos de Padrón**
- **30 ml Olivenöl**
- **grobes Meersalz**
- **1 TL zerstoßene rosa Pfefferkörner**

## ZUBEREITUNG

1. Die Pimientos waschen und gut abtropfen lassen.

2. Eine große gusseiserne Pfanne in die Mitte auf den heißen Grill stellen und das Olivenöl darin erhitzen. Die Pimientos hinzufügen und rundherum anbraten, bis die Haut anfängt, Blasen zu werfen. Unbedingt mit einem feuerfesten Handschuh arbeiten, da nicht nur die Pfanne sehr heiß wird, sondern auch das Fett etwas spritzen kann!

3. Die gebratenen Pimientos aus der Pfanne in eine Schüssel füllen und mit grobem Meersalz und den zerstoßenen Pfefferkörnern bestreut servieren.

| | |
|---|---|
| **Zubereitungszeit:** | **10 Min.** |
| **Grillzeit:** | **10 Min.** |
| **Beer:** | **leichtes Pils z.B. Sommerpils (Mahrs Bräu)** |
| **Wine:** | **Grauburgunder, Chardonnay, Viognier** |
| **Whiskey:** | **Sazerac Rye Whiskey** |

SOUNDTRACK ZUM GRILLEN

**Red Hot Chili Peppers: Otherside**

**Little Walter: Crazy mixed up World**

# TORTELLINI SALAD GREEK STYLE

**Geht auch als vollständige Mahlzeit durch!**

## ZUTATEN

- 3 EL Weißweinessig
- 1 Spritzer Agavendicksaft
- ½ TL Dijonsenf
- 2 EL kaltes Wasser
- 5 EL Olivenöl
- Salz
- frisch gemahlener schwarzer Pfeffer
- 300 g Tortellini, z. B. mit Ricotta und Spinat gefüllt
- 200 g Kirschtomaten, rote und gelbe gemischt
- ½ Bio-Salatgurke
- 1 gelbe Paprikaschote
- 1 kleine rote Zwiebel
- 100 g Kalamata-Oliven
- 150 g Fetakäse
- je 3–4 Stängel frischer Oregano und Dill

## ZUBEREITUNG

1. Weißweinessig, Senf, Agavendicksaft, Wasser und das Olivenöl in ein Glas mit Schraubverschluss geben. Den Deckel zudrehen und das Glas gut schütteln, bis sich alle Zutaten zu einem cremigen Dressing vermischt haben. Mit Salz und wenig Pfeffer abschmecken.

2. Die Tortellini nach Angabe auf der Packung in einem großen Topf mit Salzwasser garen, anschließend abgießen und gut abtropfen lassen. In eine große Schüssel geben und sofort mit dem Dressing vermischen.

3. Die Tomaten waschen und halbieren, die Gurke ebenfalls waschen und der Länge nach vierteln, dann in circa 0,5 Zentimeter dicke Scheiben schneiden. Die Paprikaschote waschen, entkernen und würfeln. Die Zwiebel schälen, halbieren und dann in dünne Ringe schneiden. Alle Zutaten zu den Tortellini in die Schüssel geben und vorsichtig miteinander vermengen.

4. Die Oliven dazugeben den Fetakäse in Würfel schneiden und ebenfalls dazugeben.

5. Die Kräuter waschen und trocken schütteln, die Blätter abzupfen und fein hacken. Zum Salat geben und vorsichtig unterheben.

| | |
|---|---|
| **Zubereitungszeit:** | **15 Min.** |
| **Kochzeit Tortellini:** | **10 Min.** |
| **Beer:** | **Indian Pale Lager z.B. Goodbeer dryhopped (Tiny Batch)** |
| **Wine:** | **Spätburgunder, Riesling** |
| **Whiskey:** | **Seagram's 7 Crown** |

SOUNDTRACK ZUM GRILLEN

**Mikis Theodorakis: The Original Sirtaki Zorbas**

**The Dead Brothers: Greek Swing**

## SIR FRANK DOE

Ansgar Freyberg

# MUSIC & BEER

**Den Schrebergarten umgestalten, Bier brauen, vegane Rezepte ausprobieren, Ripp-Unterhemden mit Würde tragen und auch noch der Drummer bei The BossHoss sein – erstaunlich, was Sir Frank Doe so alles unter seinen Cowboyhut bringt.**

### IF YOU HAVE GHOSTS

Meine musikalische Tugend als Schlagzeuger war zum Teil aus einer Not geboren. Meine Eltern legten großen Wert auf eine musikalische Ausbildung. So kam ich mit 5 Jahren in die vorschulische Musikerziehung, bevor ich mit 6 Jahren mit dem Klavierunterricht anfing.

Ich bin in Wunstorf bei Hannover aufgewachsen, und das Klavier befand sich in unserem Heizungskeller. Für mich ungünstig, denn ich hatte große Angst vor den Kellergeistern. Dennoch habe ich mich nach der Schule immer ans Klavier gesetzt und gespielt. Allerdings bin ich schließlich meinen Ängsten erlegen und habe mit 11 Jahren mit dem Klavierunterricht aufgehört. Unter einer Bedingung erlaubten mir das meine Eltern: Ich sollte mit einem anderen Instrument beginnen.

Ich überlegte: Soll ich ein kleines Instrument wählen wie eine Geige oder Flöte, um nie mehr in den Keller zu müssen? Oder … Schlagzeug! Ein lautes, aggressives, mächtiges Instrument, das die Kraft hat, die Kellergeister zu vertreiben! Mein Plan ging auf: Dank dem neuen Instrument gewann ich den Kampf und entwickelte eine echte Liebe zur Musik.

### EGOTRIPPIN'

Musik machen war zu dem Zeitpunkt für mich eher ein Egotrip. Allein sein, mich mit mir selbst beschäftigen, in eine Traumwelt flüchten, weg von allen Geistern. Erst nach drei weiteren Jahren schafften es Mitschüler aus den höheren Klassen, mich zu überreden, mit ihnen zusammen Musik zu machen. Ich konnte mir das gar nicht vorstellen, umso mehr war es für mich ein einschlagendes Erlebnis: Ich saß in meinem 10-Quadratmeter-Heizungskeller mit meinen Drums zur Wand gerichtet, hinter mir meine Schulkollegen am Bass und mit zwei röhrenden E-Gitarren voll am Abmoshen. Es muss ein Bild für die Götter gewesen sein. Ich war 14 und wir spielten alles querbeet zwischen Pop und Rock.

## REAL MUSIC

Mein Musikgeschmack war stets sehr breit gefächert: Bombast-Rock (Saga, Yes, Pink Floyd), viel Jazz (Elvin Jones, Buddy Rich, Coltrane, Miles Davis), später kam der Funk (James Brown, Brand New Heavies), Reggae (Bob Marley), Crossover (Red Hot Chili Peppers, Jane´s Addiciton, Urban Dance Squad) und nicht zuletzt Hardrock (Metallica, Guns n' Roses, Bullet-Boys) dazu.

Aber dann kamen die 90er! Euro-Techno und Dancefloor. Oh mein Gott, das war doch keine Musik! Von handgemacht keine Spur, geschweige denn von echten Drums! Ich kriegte die Krise. Ich flüchtete mich weiter in die „echte" Musik, hörte sie intensiv und spielte in jeder freien Minute; alleine, mit Bands, im Übungsraum oder auf der Bühne. Meine ersten LPs (Vinyl) waren 1983 von Peter Schilling und Nena, die erste CD 1987 von David Bowie: Never let me down. In den folgenden Jahren wurde David Bowie zu meinem größten Idol. Komisch eigentlich bei den sehr einfachen, teilweise fast dilettantischen Drums auf seinen Platten.

Aber mein Fokus wuchs mit der Zeit über mein Instrument hinaus auf eine Wahrnehmung der Musik als Ganzes. Ich stellte fest, dass die großen Werke der Musik meist ganz simples Drumming hatten. Auf der anderen Seite wusste ich aber auch von Buddy Rich: „A great band always needs a great drummer!"

## FIRST RECORDING SESSIONS

Nach dem Abi zog ich nach Bielefeld, um dort Psychologie zu studieren. So richtig wohl fühlte ich mich dort allerdings nicht, also zog es mich weiter nach Berlin. Da jobbte ich erst mal in der Gastronomie und lernte Tobi kennen. Tobi und ich sind die ältesten Freunde in der Band. Wir machten Sessions und fingen an, mit einem Atari-Computer Musik zu produzieren. Zur Beruhigung meiner Eltern lernte ich noch was Solides, nämlich Werbekaufmann. Ich suchte mir die Ausbildung aus, die die kürzeste Dauer von allen hatte – eindreiviertel Jahre.

Außerdem hatte Werbung ja auch was mit Psychologie zu tun. Warum also studieren?! In diesem Kontext lernte ich Sascha kennen, der gerade nach Berlin umsattelte und als Grafiker in der gleichen Agentur anfing. Die Musik verband uns und auch wir starteten die ersten Recording Sessions. Bei Studioaufnahmen, mit Tobi am Bass und mir am Schlagzeug, lernten wir dann Malcolm kennen. Als Sascha die Agentur wechselte, kam auch Alec in den musikalischen Freundeskreis.

## RIGHT FROM THE START

2003 gründeten Sascha, Tobi und ich nach unzähligen Abenden der „Vorplanung" und nach vielen Litern Bier das „Sonnenstudio" in der Storkower Straße, das bis heute unser Tonstudio und Band-Zuhause ist. Anlässlich der Studio-Einweihungsparty im März 2004 gaben wir mit The BossHoss unser Debütkonzert – der Startschuss für uns als Live-Band. Irgendwie traf die Musik und der Style den damaligen Zeitgeist und den aufkommenden Country-Hype, sodass sich die Bandkarriere in einem rasanten Tempo entwickelte.

Jeder von uns hatte seine musikalischen Projekte und Jobs. Ich war zum Beispiel sehr aktiv in der Werbemusik. Das habe ich auch noch viele Jahre aus dem Tourbus heraus praktiziert. Es machte mir Spaß und war eine tolle Abwechslung zum Touring.

Nachdem aber die Band immer erfolgreicher wurde, die Werbebranche irgendwann einbrach, passte der Werbejob für mich nicht mehr. Wir hatten das Glück, dass wir mit der Band vom Start weg auch Geld verdienten. Dafür mussten wir zwar rund 180 Mal im Jahr auf der Bühne stehen und rocken, aber umso besser. Es war eine der aufregendsten Zeiten meines Lebens.

The BossHoss ist für mich nicht nur eine gewachsene Band, sondern auch eine zweite Familie und natürlich eine Lebenseinstellung. Das mit den Cowboy-Klamotten zum Beispiel war für mich nie nur Bühnenoutfit. Stetsons, Jeans, Boots und die Unterhemden! Ich bin einer von den Typen, die immer ein Unterhemd tragen!

## ALWAYS BUSY

Man denkt vielleicht, dass wir ständig im Stress oder andauernd auf Tournee sind, aber das stimmt heute nicht mehr ganz. Der Fokus auf Sascha und Alec und deren Fernsehpräsenz hat rapide zugenommen und wir Bandmitglieder haben in diesen Zeiten dann weniger zu tun. Dadurch bin ich sicher mehr zu Hause als viele andere Berufstätige, was The BossHoss zu einer sehr familienkompatiblen Band macht. Mit heutzutage circa 30 Shows in einem „busy year" bleibt für uns Bandmitglieder unterm Strich viel Zeit für Familie, Hobbys oder Nebenprojekte.

Nachdem mein Hobby Musik zum Beruf geworden war, musste dringend ein neues Hobby her. Denn ich brauche immer eine Beschäftigung. Mein Ausstieg aus der Werbung und dem täglichen Studiobusiness schlug ein riesiges Loch in meinem Leben. Dazu kam noch eine zweijährige Bandpause. Da habe ich erst einmal nix gemacht, mich in meinen neuen Schrebergarten gestürzt und überlegt, was ich sonst noch so machen kann in meinem Leben.

Erst wollte ich ein Lokal aufmachen, das SMOKE heißen sollte, wo es nur Slow Food – in Form von Brisket & Ribs – geben sollte. Damals hatte ich mir einen großen Smoker ausgesucht, den die Band mir dann zum Geburtstag geschenkt hat. Ich bin teilweise um zwei Uhr nachts aufgestanden, um ein Brisket mindestens 16 Stunden lang durchzusmoken, was natürlich auch jede Stunde – also die ganze Nacht durch – überprüft werden musste. Der Aufschrei war dann groß, als ich vor drei Jahren zum Veganer wurde und in dem Zuge den Smoker wieder verkaufte. Gemüse smoken machte meiner Meinung nach nicht so viel Sinn. Grillen hingegen schon! Mein BBQ-Wissen wende ich heute regelmäßig und gerne auf rein Veganes an. Vegan BBQ ist richtig lecker! Siehe meine veganen Grill-Kreationen in diesem Buch.

## VEGAN LIFESTYLE

Essen generell ist für mich ein großes Thema, und vor allem gesunde Ernährung. Der erste Impuls kam, als wir zum Album Dos Bros einen Sportcoach engagierten, um in der Bandpause nicht völlig zu verkommen und für das Album-Fotoshooting richtig top auszusehen. Dabei lernte ich zum ersten Mal Ernährungspläne und Nahrungsergänzungsmittel kennen. Ich staunte, was man mit gezielter Ernährung erreichen kann, also nicht nur Gewicht und Fett reduzieren, sondern auch das eigene Wohlbefinden maximieren. In der Folge probierte ich viele Ernährungskonzepte aus wie Low Carb, Paläo oder Intervallfasten, um eine Ernährung für mich zu finden, die zum einen gesund und zum anderen für mich auch umsetzbar ist. Paläo zum Beispiel war mir mit dem vielen Fleisch zu krass. Moralisch und von der Nachhaltigkeit her hatte ich große Bedenken. Dazu kommt, dass wir in der Familie versuchen, alles in Bioqualität zu kaufen, was mir dann einfach zu teuer wurde. Also schaute ich mich einfach weiter um.

Irgendwann sah ich den Film „What The Health". Ich wusste zunächst nicht, dass das ein Pro-vegan-Film ist, aber trotzdem habe ich ihn bis zum Ende geschaut. Fazit von dem Film war ein Experiment: „Probiere eine 100 Prozent pflanzenbasierte Ernährung nur für 14 Tage aus." Gesagt, getan. Meine Frau zog mit. Die war zwar schon zeitlebens Vegetarierin, somit war es für sie ein einfacher Schritt, aber zum ersten Mal hatten wir auf dieser Ebene eine Gemeinsamkeit und mussten nicht mehr zweimal kochen – ein netter Nebeneffekt. Darüber hinaus hat es meinem Körper richtig gutgetan. Heute leben wir vegan und es ist nicht nur gesund, es ist nach dem „Switch" auch viel leichter zu realisieren, als man denkt, und darüber hinaus viel günstiger und vor allem nachhaltiger. Anstatt dem Gefühl des Verzichts hat sich für mich eher eine kulinarische Welt aufgetan. Es macht mir Spaß, immer neue vegane Rezepte auszuprobieren. Wenn meine Kinder aber mal Bock auf Salamipizza haben, dann kriegen sie das auch. Wir wollen dabei nur sichergehen, dass sie auch wissen, was sie da essen.

## TINY BATCH – WHAT ELSE?

Als die Idee mit meinem Slow-Food-Restaurant SMOKE nun nicht mehr aktuell war, musste ich mich weiter auf die Suche nach einem neuen Hobby machen. Etwas Handwerkliches sollte es sein. Mit Kesseln kannte ich mich ja nun gut aus. Mit dem Biertrinken auch! Jahrelanges Training machte mich regelrecht zu einem Spezialisten! Wie das Produkt aber im Detail entsteht, wusste ich nicht. So habe ich dann 2016 einen Braukurs belegt und mit dem Bierbrauen angefangen. Zunächst im Treppenhaus.

Die Resultate konnten sich entgegen meiner Erwartungen schmecken lassen, und so rieten mir meine Kumpels, mehr daraus zu machen. Inzwischen habe ich meine eigene Biermarke Tiny Batch und arbeite auf professionellem Niveau. Ich braue meine Biere in Lohnbrauereien und verwende mittlerweile den Großteil meiner Zeit auf dieses Projekt. Laut meinem Steuerberater ist es zwar eher noch ein teures Hobby, aber hoffentlich erreiche ich in ein paar Jahren eine schwarze Null.

Es ist eben eine Leidenschaft und die fragt nicht nach einem Businessplan. Bier zu brauen ist für mich wie Musik machen. Es ist zwar nicht ganz so spontan und emotional, aber dafür ebenso kreativ und vor allem handwerklich komplex – ein Spiel mit der Natur auf mikrobiologischer Ebene. Am Ende sind die beiden Produkte Musik und Bier auch ähnlicher, als man denkt, denn jeder versteht es, aber es ist und bleibt Geschmackssache. Als Paar sind sie schöner als alleine. Und was passt besser zu einem Cowboy als (s)ein frisches kühles Bier?

# SWEETS FOR MY SWEETS

# HOT BANANA MONKEYBUSINESS MIT INGWER & MASCARPONE

**Diese Grill-Bananen mit Schokolade bringen einen Hauch von Exotik auf den Teller.**

## ZUTATEN

- **4 Bananen**
- **1 Stück Ingwer, circa 2 cm lang**
- **1 unbehandelte Limette**
- **1 Prise Meersalz**
- **1 EL brauner Zucker**
- **100 g Mascarpone**
- **4 TL Ahornsirup**

## ZUBEREITUNG

1. Die Bananen samt Schale der Länge nach einschneiden und etwas aufklappen.

2. Den Ingwer schälen und fein reiben, die Limette heiß abwaschen, dann die Schale abreiben und mit dem Ingwer, 1 Prise Meersalz und 1 Esslöffel braunem Zucker vermischen. Mit einem kleinen Löffel gleichmäßig auf die 4 Bananen verteilen, dann die Bananen leicht zusammendrücken.

3. Die Bananen auf dem heißen Grill etwa 2–3 Minuten pro Seite grillen.

4. Währenddessen die Limette auspressen und mit dem Mascarpone glatt rühren. Sobald die Bananen vom Grill kommen, diese wieder vorsichtig aufklappen und mit je einem Klecks Mascarpone und 1 Teelöffel Ahornsirup servieren.

| | |
|---|---|
| **Zubereitungszeit:** | **10 Min.** |
| **Grillzeit:** | **4 bis 6 Min.** |
| **Wine:**<br>**Whisky:** | **Friulano, Riesling (restsüß)**<br>**Loch Lomond, Single Highland Malt, 21 Years** |

SOUNDTRACK ZUM GRILLEN

**Harry Belafonte: Banana Boat Song**

**Johnny Guitar Watson: A real Mother for ya**

LIVE YOUR

# VEGAN DEATH BY CHOCOLATE BROWNIES

**Wird nicht gegrillt, passt aber wunderbar als süßer Abschluss.**
**Zutaten für eine Form mit circa 18 × 28 cm, ergibt etwa 15 Stück.**

## ZUTATEN

- **2 EL Hanfsamen**
- **6 EL Wasser**
- **200 g dunkle vegane Schokolade**
- **100 g vegane Butter**
- **200 g Rohrzucker**
- **½ TL frisch gemahlene Vanille**
- **100 g Mehl**
- **1 gehäufter TL Backpulver**
- **30 g dunkles Kakaopulver**
- **1 gute Prise Meersalz**
- **50 g Walnusskerne**

## ZUBEREITUNG

1. Den Backofen auf 180 °C Ober-/Unterhitze vorheizen.

2. Die Hanfsamen im Mörser möglichst fein zermahlen. Anschließend in eine Schüssel geben und mit 6 Esslöffeln Wasser vermischen. 10 Minuten stehen lassen.

3. Die Schokolade grob hacken, die Hälfte davon in der Mikrowelle oder im Wasserbad schmelzen.

4. Die Butter ebenfalls schmelzen und mit dem Zucker und der gemahlenen Vanille cremig aufschlagen.

5. Die geschmolzene Schokolade und die eingeweichten Hanfsamen unter die Butter-Zucker-Mischung rühren.

6. Das Mehl mit dem Backpulver, dem Kakaopulver und dem Salz vermischen und über die Butter-Schoko-Mischung sieben. Nur kurz unterheben.

7. Die Walnusskerne grob hacken und zusammen mit der restlichen gehackten Schokolade unter den Teig heben. Eine Form von circa 18 × 28 Zentimeter Durchmesser mit Backpapier auslegen, dann den Teig hineinfüllen und glatt streichen.

8. Die Brownies im vorgeheizten Ofen auf der zweiten Schiene von oben circa 30 Minuten backen. Mit einem Holzstäbchen in der Mitte einpiksen, um zu sehen, ob die Brownies durchgebacken sind. Vor dem Anschneiden mindestens 20 Minuten auskühlen lassen.

| | |
|---|---|
| **Zubereitungszeit:** | **20 Min.** |
| **Backzeit:** | **30 bis 35 Min.** |
| **Wine:** | **Ruby Port, Tawny (20 Years)** |
| **Whisky:** | **Highland Park Scotch Malt** |

**Soundtrack zum Grillen**

**De-Phazz:**
**Death by Chocolate**

**Death by Chocolate:**
**The Witch and the Poor**

# CINNAMON APPLECAKES

**Für diese leckeren Küchlein wird eine gusseiserne Pfanne direkt auf den Grill gestellt!**

## ZUTATEN

**für circa 12 Apfelküchlein:**

- 90 g Mehl
- 1 Ei
- 1 Prise Salz
- 2 EL Rohrzucker
- 1 TL Vanillezucker
- 75 ml Milch
- 2 große Äpfel
- circa 4 EL Pflanzenöl zum Ausbacken
- 4 EL Rohrzucker
- 1 TL Zimt

## ZUBEREITUNG

1. Das Mehl zusammen mit dem Ei, 1 Prise Salz, dem Rohrzucker und dem Vanillezucker in eine Schüssel geben. Alle Zutaten mit einem großen Schneebesen zu einem glatten Teig verrühren, dabei nach und nach die Milch hinzufügen. Den Teig 10 Minuten ruhen lassen.

2. Während der Teig ruht, die Äpfel schälen und das Kerngehäuse ausstechen. Anschließend die Äpfel in circa 0,5 Zentimeter dicke Ringe schneiden.

3. Die gusseiserne Pfanne auf den heißen Grill (direkte Glut) stellen. 2 Esslöffel Pflanzenöl in die Pfanne geben und durch Schwenken gut verteilen. Achtung: unbedingt einen feuerfesten Grillhandschuh verwenden, da die Pfanne sehr heiß wird.

4. Die Apfelringe nach und nach durch den Teig ziehen, etwas abtropfen lassen und circa 2–3 Minuten pro Seite im heißen Fett ausbacken.

5. In einem tiefen Teller 4 Esslöffel Rohrzucker mit 1 Teelöffel Zimt vermischen und die noch heißen Apfelringe kurz darin wenden. Anschließend auf einen Teller legen und vor dem Servieren leicht abkühlen lassen.

| | |
|---|---|
| **Zubereitungszeit:** | **15 Min.** |
| **Grillzeit:** | **20 Min.** |
| **Wine:**<br>**Whisky:** | **Riesling Sekt Brut**<br>**Racke Rauchzart** |

SOUNDTRACK ZUM GRILLEN

**Sugar:**
**A Good Idea**

**Tony Joe White:**
**Little Green Apples**

# SCHOKOLADEN-FONDUE MIT OBSTSPIESSEN

**Vitamine für alle Obstspießer.**

## ZUTATEN

- **je 200 g Vollmilch- und Zartbitterschokolade**
- **Obst nach Belieben, z. B. Banane, Ananas, Weintrauben, Erdbeeren, Honigmelone**

**Außerdem: lange Holzspießchen**

## ZUBEREITUNG

1. Die Schokolade zerbröckeln und in eine feuerfeste Schüssel geben. Die Schüssel auf das Grillrost stellen, wenn die Glut des Feuers schon fast ausgeglüht ist. Schokolade gelegentlich mit einem kleinen Löffel umrühren.

2. Während die Schokolade schmilzt, das Obst waschen, gegebenenfalls schälen und in möglichst gleich große Stücke schneiden. Anschließend das Obst auf die Holzspießchen stecken.

3. Die Obstspieße auf einen Teller legen und mit der flüssigen Schokolade beträufeln oder die Spieße direkt in die flüssige Schokolade tunken.

| | |
|---|---|
| **Zubereitungszeit:** | **10 Min.** |
| **Grillzeit:** | **5 Min.** |
| **Wine:**<br>**Whisky:** | **Muskateller, kräftiger Sekt**<br>**DYC Scotch** |

SOUNDTRACK ZUM GRILLEN

**Hot Chocolate:**
**No Doubt about it**

**Sonny Boy Williamson:**
**Polly put the Kettle on**

# karamellisierte ZIMT-NEKTARINEN

**Dieses Dessert funktioniert auch prima mit Pfirsichen oder Aprikosen. Auch hierfür wird die letzte Glut des Grills genutzt.**

## ZUTATEN

- **4 reife Nektarinen**
- **1 EL Butter**
- **2 EL brauner Zucker**
- **½ TL Zimt**
- **4 Kugeln Walnusseis**

## ZUBEREITUNG

1. Die Nektarinen waschen, halbieren und entkernen.

2. Die Butter in eine flache feuerfeste Schale geben. Auf den Grill stellen und die Butter schmelzen, dann den braunen Zucker und den Zimt unterrühren.

3. Die Nektarinen mit der Schnittfläche in die Butter-Zimt Mischung tunken, anschließend zunächst mit der Schnittseite nach oben für circa 2 Minuten auf den Grill legen. Die Nektarinen wenden und für weitere 2–3 Minuten grillen.

4. Die gegrillten Nektarinen auf Teller verteilen und mit jeweils 1 Kugel Walnusseis servieren.

| | |
|---|---|
| **Zubereitungszeit:** | **5 Min.** |
| **Grillzeit:** | **2 Min.** |
| **Wine:**<br>**Whiskey:** | **Scheurebe / Grauburgunder (fruchtig)**<br>**Old Grand-Dad Bourbon** |

SOUNDTRACK ZUM GRILLEN

**Janis Joplin:**
**Piece of my Heart**

**Jake La Botz:**
**Sunnyside**

# GUSS BROOKS

# ROCKABILLY REBEL

**Wenn die Mitglieder des BossHoss-Fanclubs etwas auf dem Herzen haben, dann bekommen sie es mit Guss zu tun. Der Bassist von The BossHoss leitet den Fanclub, organisiert kleine Fan-Gigs, die Fanclub-Website und vieles mehr. Als Musiker ist er ein Spätzünder, kam er doch erst mit 20 auf die Idee, sich einen Kontrabass zu kaufen, weil ihm dieses Instrument als Rockabilly-Fan am besten gefiel.**

Auf Rockabilly und damit später zum Musikmachen kam ich durch einen Freund, der diese Musik hörte, und irgendwann hat es auch bei mir klick gemacht. Ursprünglich bin ich aus einem Ort südlich von Berlin. Ich fuhr oft nach Berlin und schaute mir dort Konzerte an. Auf den einschlägigen Websites fand ich immer wieder neue Konzerttipps. Manchmal kannte ich niemanden auf den Konzerten, manchmal nicht mal die Band, die da spielte. Dann ging ich mit ein paar Kumpels hin und irgendwann war es halt so, dass ich immer irgendwen kannte. Ich war in der Szene angekommen. Neben der Musik mochte ich natürlich auch den ganzen Style drum herum.

Mit dem Musikmachen fing ich erst mit 20 an. Damals hatte ich einen festen Job als Kommunikationselektroniker. Ich war zuständig für Wartungen von Brandmeldeanlagen, für Sicherheitstechnik, Videoüberwachung. Als es Weihnachtsgeld gab, dachte ich mir: ‚So 'nen Kontrabass kaufst du dir jetzt mal.' Das Instrument begeisterte mich auf den Konzerten immer am meisten. Ich nahm Unterricht und es klappte von Anfang an echt gut. Ein Vierteljahr später sagte ich zu einem Bekannten, der Gitarre spielte: „Wollen wir nicht mal 'ne Band gründen?" Und schon bald hatten wir eine Band am Start: zwei Gitarren, Schlagzeug, Bass. Wir spielten Rock-'n'-Roll-Cover, so querbeet, immer ein bisschen rockabillymäßig angehaucht, vor allem wegen meinem Kontrabass.

## JUST A SIDEPROJECT

Unser erstes Konzert gaben wir im Proberaum vor ein paar Bekannten und Freunden, im Jahr 2001. 2002 traf ich Michael von Hot Boogie Chillun, die ich von Konzerten her kannte, und fragte ihn: „Hey, kannst du mir ein bisschen was zeigen?" Er meinte: „Ja, dann komm mal bei mir vorbei." Er hat sich meinen Bass angeguckt, gesagt, was man da noch verbessern kann, und mir Tipps zum Spielen gegeben. Er vermittelte mir auch mal einen Studiojob, als er selbst nicht konnte. Und irgendwann rief er mich an: „Du, ich hab hier so ein Nebenprojekt, vielleicht interessiert dich das?" Das war damals kurz nach dem ersten Konzert von The BossHoss. Micha wollte wegziehen aus Berlin und sagte zu mir: „Ich gebe hier meine Nebenprojekte alle ab. The BossHoss macht so Popsongs auf Country und vielleicht hast du ja Lust drauf." Und ich dachte: ‚Na ja, warum denn nicht?"

Ich kannte ja Sascha bereits durch die Gigs von Hot Boogie Chillun. Also traf ich mich mit ihm, das war einen Tag vor der ersten Probe mit den Jungs, und seitdem bin ich dabei. Damals arbeitete ich noch am Flughafen Schönefeld. Im Juni 2004 spielte ich das erste Konzert von The BossHoss mit, und im Dezember unterschrieben wir schon einen Plattenvertrag. Im März 2005 stand ich dann da und merkte: Mensch, ich habe jetzt so viel Urlaub verballert, ich habe dieses Jahr fast gar keine Urlaubstage mehr. Meistens spielten wir ja auch freitags und man musste ja erst mal an den Veranstaltungsort kommen. Ich war ständig damit beschäftigt, wie ich das mit meinen Kollegen und dem Chef deichseln konnte. Irgendwann ging das halt nicht mehr.

## PUBLIC SERVICE?

Im Mai 2005 sagte unser damaliger Manager: „Ich hab für zwei Jahre Konzerte für euch gebucht." Und so entschied ich mich, meinen Job zu kündigen. Das kostete mich durchaus Überwindung. Das war ein sicherer Job, Öffentlicher Dienst mit 40-Stunden-Woche. Ich hatte schon ein bisschen Angst, das einfach aufzugeben. Es hat wirklich ein paar Wochen gedauert, bis ich mir klar war, dass ich wirklich kündige. Aber ich war ja auch erst Anfang 20 und dachte: Wenn es nicht läuft, dann bewirbst du dich eben noch mal woanders. Am Anfang plante ich für die Band zwei, drei Jahre ein. Jetzt sind schon über 15 Jahre daraus geworden.

Natürlich gab's bei uns auch kleine Gigs, gerade am Anfang. Bei unserem ersten Gig außerhalb von Berlin im Heidelberger Schwimmbad Club war nur eine Handvoll Leute. Aber plötzlich waren auch außerhalb von Berlin 150 bis 200 Leute auf den Konzerten, gerade nachdem die erste Platte veröffentlicht worden war. Und die Gigs wurden immer größer. Ganz zu Beginn war es schon anstrengend: immer im Sprinter, morgens mit Hangover, ständig auf der Autobahn und dann der üble Fraß in den Raststätten oder Burger-Buden. Aber so ist das halt, wenn man mit einer Band anfängt, das ist Pflichtprogramm.

## MUSIC, CARS & SOCCER

Ich hatte bis letztes Jahr noch eine andere Band, aber die haben wir jetzt aus Zeitmangel eingestellt. Dann spiele ich noch mit einer Rock-'n'-

Blues-Band, die ist aus meinen früheren Kontakten entstanden. Da spielen wir, wenn wir Zeit, Lust und Laune haben und Gigs bekommen. Und dann spiele ich mit verschiedenen Leuten, die mich anrufen, oder als Aushilfe bei anderen Bands. Das sind Musiker aus Berlin, aber auch aus Schweden oder Wales. Meistens sind das dann kleinere Läden, manchmal aber auch große Szene-Festivals in England, Spanien oder Italien. Ich sehe das auch als Weiterbildung, um eben mal was Anderes zu machen. So bleibt man auf Betriebstemperatur und hält sich in den The BossHoss-Pausen fit.

Mein Hobby ist Autoschrauben. Ich habe einen alten Opel Rekord und einen Dodge Challenger. Mit den Autos habe ich gut was zu tun, der Challenger, braucht eine Vollrestaurierung. Ansonsten bin ich Fußballfan, früher habe ich selbst gespielt und war Torwart. Später mit The BossHoss war ich dann so eingespannt, dass ich den Fußball bleiben ließ.

## LIVE, LIVE, LIVE!

Seit 2011 sind Alec und Sascha Gesichter aus dem Fernsehen. Auch das ist ein Teil unseres Business. Damit erreichen wir ein riesiges Publikum. Konzertbesucher mit unterschiedlichstem Alter hatten wir aber vorher schon, weil wir viel auf Stadtfesten und Open Airs gespielt haben.

Aber diese TV-Geschichten sind schon mächtig und können wirklich Massen mobilisieren. Die Leute dazu zu bringen, eine Konzertkarte zu kaufen und abends noch auszugehen, den Markt musst du dir hart erarbeiten, der ist umkämpft. Und dabei helfen Fernsehauftritte natürlich als Promotion-Tool. Trotz unseres großen Erfolgs bleibt es aber eine „Ochsentour", du musst ja immer dranbleiben. Gerade jetzt, wenn ein paar von uns auch TV-Promis sind, musst du auf der Bühne eine tolle Liveshow abliefern, die Leute haben Erwartungen an uns.

## INTERNATIONAL

Bei Auftritten im Ausland waren es meist eher kleinere Läden. Das erdet einen ganz gut. Auf unserer US-Tournee kamen in Houston nur ein paar Deutsche und die Locals, die sowieso in den Laden gingen. Es ist ja nicht so, dass da jemand sagt: Wir warten jetzt auf die Deutschen. Aber für uns alle war das eine tolle Erfahrung. Wir haben aber auch schon auf richtig großen internationalen Festivals gespielt, etwa in Australien mit Stationen in Sidney, Melbourne, Brisbane und Perth. Da sitzt du dann mit den großen Bands zusammen in einem Charter-Flieger, das ist schon super.

### TOP MUSIC:

Elvis, AC/DC, aber ein guter Song ist für mich ein guter Song, da bin ich ganz offen.

# SAUCEN & MARINADEN

# GUACAMOLE
## AVOCADO-DIP

### ZUTATEN:

- 2 reife Avocados
- ½ Bund Koriander
- Saft von ½ Limette
- Meersalz
- 1 Prise brauner Zucker
- 2 Frühlingszwiebeln
- 1 Tomate

### ZUBEREITUNG

1. Die Avocados halbieren und entkernen. Das Fruchtfleisch mit einem Löffel aus der Schale heben und in ein hohes Gefäß geben.

2. Den Koriander waschen und trocken schütteln. Die Blätter abzupfen, ein paar Blättchen für die Dekoration zur Seite legen, den Rest zur Avocado geben.

3. Den Limettensaft ebenfalls zur Avocado geben und alles mit einem Pürierstab nicht zu fein pürieren. Mit Salz und 1 Prise braunem Zucker abschmecken.

4. Die Frühlingszwiebeln waschen, putzen und in sehr feine Ringe schneiden. Die Tomaten ebenfalls waschen, entkernen und in feine Würfel schneiden. Beides unter die Guacamole mischen und vor dem Servieren mit dem restlichen Koriander garnieren.

**Zubereitungszeit:** 10 Min.

SOUNDTRACK ZUM GRILLEN

**Smokie:**
**Mexican Girl**

# ★ ZWIEBEL CONFIT ★

**Sweet Onions with a Twist!**
**Zubereitungszeit: 30 Min.**

## ZUTATEN

- **200 g Zwiebeln, am besten die Sorte Tropea**
- **1 TL Butter**
- **2 EL Rohrzucker**
- **8 EL Weißwein-essig**
- **2 EL kaltes Wasser**
- **1 kleiner Zweig Rosmarin**

## ZUBEREITUNG

1. Die Zwiebeln schälen, halbieren und in dünne Ringe schneiden.

2. Die Butter in einem kleinen Topf schmelzen. Die Zwiebeln darin bei mittlerer Hitze und unter Rühren etwa 5 Minuten glasig dünsten. Nach etwa 3 Minuten den Zucker darüberstreuen.

3. Weißweinessig, Wasser und Rosmarin hinzufügen und bei kleiner Hitze offen etwa 20 Minuten köcheln lassen. Den Rosmarinzweig entfernen und das Zwiebelconfit abkühlen lassen.

# ★ MAYONNAISE SELBST GEMACHT ★

**Mayonnaise schmeckt selbst gemacht am besten!**
**Zubereitungszeit: 10 Min.**

## ZUTATEN

- **1 Eigelb, am besten von einem ganz frischen Bio-Ei**
- **2 TL Dijonsenf**
- **1 TL Zucker**
- **1 EL Weiß-weinessig**
- **125 ml Sonnenblumenöl**
- **Salz**

## ZUBEREITUNG

1. Das Eigelb zusammen mit dem Senf, dem Zucker und dem Weißweinessig in ein hohes Gefäß geben. Mit dem Pürierstab cremig rühren, bis die Masse anfängt, dick zu werden.

2. Das Öl langsam hinzufügen, dabei den Pürierstab immer wieder leicht durch die Masse nach oben ziehen.

3. Die Mayonnaise mit Salz abschmecken und in einen luftdicht verschließbaren Behälter füllen. Hält sich im Kühlschrank etwa 5 Tage.

# JAMAICAN BEEF RUB

**Süße Schärfe fürs Grillgut.**
**Zubereitungszeit: 5 Min.**

## ZUTATEN

- **2 TL Cayennepfeffer**
- **1 TL Rosenpaprikapulver**
- **½ TL Chiliflocken**
- **2 TL getrockneter Thymian**
- **2 TL getrocknete Petersilie**
- **2 TL Meersalz**
- **2 TL brauner Zucker**
- **½ TL Muskatnusspulver oder frisch gerieben**
- **¼ TL Zimt**
- **1 TL Knoblauchpulver**
- **½ TL schwarzer Pfeffer**

## ZUBEREITUNG

1. Alle Zutaten miteinander vermischen und in einen luftdicht verschließbaren Behälter füllen. Luftdicht verschlossen ist die Gewürzmischung circa 3 Monate haltbar.

# PFIRSICH SALSA

**Zu Fleisch, zu Fisch oder einfach nur so!**
**Zubereitungszeit: 15 Min.**
**plus 30 Min. Ruhezeit**

## ZUTATEN

- **2 reife Pfirsiche**
- **1 Bio-Salatgurke**
- **½ rote Zwiebel**
- **je ½ Bund Dill und Schnittlauch**
- **2 EL weißer Balsamico**
- **1 Schuss kaltes Wasser**
- **Salz**
- **frisch gemahlener schwarzer Pfeffer**
- **¼ TL Chiliflocken**
- **½ TL brauner Zucker**
- **2 EL Olivenöl**

## ZUBEREITUNG

1. Pfirsiche waschen, halbieren, entkernen. Das Fruchtfleisch in sehr feine Würfel schneiden und in eine Schüssel geben.

2. Gurke waschen und trocken reiben, der Länge nach halbieren und Kerne mit einem Teelöffel rauskratzen. Gurke in feine Würfel schneiden und zu den Pfirsichen geben.

3. Zwiebel schälen und fein hacken. Dill und Schnittlauch waschen, trocken schütteln und fein hacken. Zwiebel und Kräuter mit in die Schüssel geben.

4. In einer zweiten kleinen Schüssel Balsamico mit dem Wasser verrühren und mit Salz, Pfeffer, Chiliflocken und braunem Zucker würzen. Zum Schluss das Olivenöl unterrühren und abschmecken.

5. Das Dressing über die Pfirsich-Salsa geben und vorsichtig vermischen. Vor dem Servieren 30 Minuten abgedeckt im Kühlschrank ziehen lassen.

# SALSA VERDE

**Perfekt zum Steak!**
**Zubereitungszeit: 10 Min.**

## ZUTATEN

- 1 Bund gemischte Kräuter, z.B. glatte Petersilie, Schnittlauch, Dill, Thymian
- 1 EL Kapern
- 2 Sardellenfilets
- Saft von ½ Zitrone
- 200 ml Olivenöl
- Salz, Pfeffer

## ZUBEREITUNG

1. Die Kräuter waschen und trockenschütteln, die Blättchen abzupfen. Die Kräuter am besten in einem großen Mörser zerstoßen, dabei 1-2 EL Olivenöl hinzufügen. Anschließend in eine kleine Schüssel umfüllen.

2. Die Kapern mit einer Gabel zerdrücken, die Sardellenfilets fein hacken. Beides zu den Kräutern geben. Zitronensaft unterrühren und nach und nach auch das restliche Olivenöl.

3. Mit Pfeffer und wenig Salz abschmecken.

4. Die Salsa Verde kann auch im Mixer zubereitet werden, allerdings sollten die Kräuter hier nicht zu fein püriert werden.

# SOUTHERN STYLE REMOULADE

**Passt zu Fleisch und Fisch**
**Zubereitungszeit: 15 Minuten**
**Ruhezeit: 1 Stunde**

## ZUTATEN

- 200 g Mayonnaise (fertig gekauft, oder selbst gemacht – siehe Seite 170)
- 2 EL saure Sahne
- 2 EL Ketchup
- 2 EL körniger Senf
- 1 EL Gewürzgurkenwasser
- 1 TL Rosenpaprikapulver
- ¼ TL Cayennepfeffer
- 1 Spritzer Tabasco
- Salz
- frisch gemahlener schwarzer Pfeffer
- je 3 Zweige glatte Petersilie und Dill
- 1 große Gewürzgurke

## ZUBEREITUNG

1. Die Mayonnaise in eine Schüssel geben und mit der sauren Sahne, dem Ketchup, dem körnigen Senf und dem Gewürzgurkenwasser glatt rühren.

2. Mit Rosenpaprika, Cayennepfeffer, Tabasco, Salz und Pfeffer würzen und abschmecken.

3. Die Petersilie und den Dill waschen und trocken schütteln, die Blättchen abzupfen und fein hacken. Die Gurke in sehr feine Würfel schneiden und zusammen mit den gehackten Kräutern unter die Remoulade rühren.

4. Die Remoulade noch einmal abschmecken und vor dem Servieren mindestens 1 Stunde im Kühlschrank kalt stellen.

# ONE CAN BEER MARINADE

Für Beef, Pork oder Chicken ...
Zubereitungszeit: 5 Minuten
Marinierzeit: 12–24 Stunden

## ZUTATEN

- 1 Dose Bier (330 ml)
- 3 EL Olivenöl
- 1 EL Dijonsenf
- 1 TL getrockneter Oregano
- 1 Knoblauchzehe
- Salz
- frisch gemahlener schwarzer Pfeffer

## ZUBEREITUNG

1. Das Bier mit dem Olivenöl und dem Senf verrühren. Oregano unterrühren, Knoblauch schälen, durch die Presse drücken und ebenfalls unterrühren. Mit Salz und Pfeffer würzen.

2. Gewünschtes Fleisch in eine Schale legen und mit der Marinade übergießen. Für 12–24 Stunden im Kühlschrank marinieren. Je länger das Fleisch in der Marinade liegt, desto zarter wird es beim Grillen.

# HELL'S KITCHEN WHISKEY MARINADE

Für Spareribs, Beef und Co.
Zubereitungszeit: 10 Minuten

## ZUTATEN

- 60 ml Whiskey
- 60 ml helle Sojasauce
- 50 g brauner Zucker
- 1 Knoblauchzehe
- 1 getrocknete Chilischote oder ½ TL Chiliflocken
- Salz
- frisch gemahlener schwarzer Pfeffer

## ZUBEREITUNG

1. Whiskey, Sojasauce und braunen Zucker in einem kleinen Topf verrühren. Den Knoblauch schälen und mit der flachen Seite eines Messer zerdrücken, mit in den Topf geben. Die Chilischote dazubröseln oder die Chiliflocken hinzufügen. Unter Rühren erhitzen, bis der Zucker aufgelöst ist. Den Topf vom Herd nehmen, mit Salz und Pfeffer würzen und die Sauce vollständig auskühlen lassen.

2. Zum Marinieren die Spareribs oder anderes Fleisch rundherum großzügig mit der Sauce einpinseln und am besten über Nacht im Kühlschrank marinieren. Restliche Sauce aufbewahren, und das Fleisch während des Grillvorgangs damit bestreichen.

# ERNESTO ESCOBAR DE TIJUANA

Tobias Fischer

# DON'T TRUST A MEXICAN!

**The BossHoss ist definitiv eine internationale Band. Auch weil mit Tobi alias Ernesto Escobar de Tijuana ein echter Mexikaner an Bord ist. Das dachte jedenfalls ein mexikanischer Botschafter, der nach einem Konzert in Augsburg unbedingt seinem Landsmann seine Aufwartung machen wollte …**

## MEET THE MEXICAN

Wir spielten in einem Rock-'n'-Roll-Club in Augsburg. Riesenstimmung, ständig Caipirinha. Der Tourmanager klopft nach dem Konzert an die Backstage-Tür und sagt: „Hey, da ist eine Delegation von der mexikanischen Botschaft und der Botschafter ist auch da und die wollen den Mexikaner treffen." Ich so: „Mach die Tür zu. Das geht nicht!" – „Aber die warten draußen. Mexikanische Fahne dabei und bis oben voll mit Caipis. Und die wollen mit dir reden. Die ziehen nicht ab." Ich sag also: „Verdammt, okay." Ich bin raus, hol den Botschafter rein und sag zu ihm: „Hör zu: Ich bin kein Mexikaner, heiße nicht Escobar und ich kann kein Spanisch. Aber Caipirinha können wir zusammen trinken. Kein Problem." Der hat sich kaputtgelacht. Und schon war die ganze Delegation bei uns backstage. Es war ein Mega-Abend. Auch für diese verrückten Momente liebe ich The BossHoss.

## SUPERDEAL

Ich bin in Madagaskar geboren und kam mit 16 nach Deutschland. Mein Vater hatte einen Job im bayerischen Regensburg bekommen und gemeint: „Okay, wir nehmen die Kinder mit und die gehen da auf ein Internat." So kam ich nach Regensburg in der Oberpfalz.

Ich nahm neben der Schule Gitarrenunterricht und besuchte später die Jazzmusikschule in Regensburg. Mein Gitarrenlehrer hatte zu dieser Zeit eine sehr bekannte Schülerin, die Fürstin Gloria von Thurn und Taxis, die übrigens eine hervorragende Gitarristin ist. Ich spielte damals in einer Pop-Band, die durch ganz Bayern tingelte. Mit Wet Paint verdiente ich bereits ganz gut Geld. Was wirklich cool war: Wir waren die Hausband der Brauerei von Thurn und Taxis, denn ich kannte die Fürstin ja von der Jazzmusikschule und wir mochten uns. Und eines Tages bot die Fürstin uns einen Deal an: „Wenn die Brauerei das Sponsoring für ein Festival macht, dann spielt ihr immer vor dem Hauptact." Somit spielten wir vor Huey Lewis, Ostbahn Kurti, Rainhard Fendrich. Fantastisch!

## MONEY, THAT'S WHAT I WANT

Eigentlich wollte ich immer professioneller Musiker werden, aber so richtig passierte das erst in Berlin. Vorher dachte ich: Was Sicheres ist für den Anfang nicht verkehrt, und so begann ich in Regensburg Chemie zu studieren. Aber ziemlich schnell hatte ich da ein grundliegendes Problem: Die komplexen Matheformeln waren mir einfach viel zu abstrakt. Dann versuchte ich es mit Jura. Ich schickte meine Unterlagen an die FU Berlin und die sagten tatsächlich: „Wir nehmen dich."

Also hatte ich einen guten Grund, nach Berlin zu ziehen. Das war 1996. Mein Nebenjob war mir allerdings von Anfang an wichtiger als das Studium. Ich arbeitete in einem Tonstudio am Ku'damm und war sehr viel mit Synchron und Filmmusik beschäftigt. In dem Studio wurden die ganzen großen Disney-Produktionen synchronisiert. Mein Jurastudium lief nur auf Sparflamme.

Irgendwann kam mein Studiochef und zeigte mir einen Vertrag: „Hast du Bock, Geld zu verdienen? Unterschreib hier, dann hast du keine Sorgen mehr." Ich unterschrieb und schmiss das Studium.

## GOOD OLD FRIENDS

Der Erste, den ich von den späteren The BossHoss kennengelernt habe, war Ansgar. Das war bei meinem allerersten Berliner Job, noch vor der Studioarbeit. Ich arbeitete in einem Café in Schöneberg. „Die Mutter" war eine Künstlerkneipe. Ansgar hat mich gleich gefragt, ob wir nicht zusammen Musik machen wollen. Klar, wollte ich. Also spielten wir zusammen, zum Spaß, aber auch für Geld, wir machten Werbungsmusik. Ich spielte inzwischen mehrere Instrumente, also brauchten wir da keine zusätzlichen Musiker mieten. Und dann lernte ich Sascha kennen. Der war immer pleite und kam gerne in „Die Mutter", weil er dort anschreiben lassen konnte. Da Sascha zu der Zeit mit Alec zusammen in einer Werbeagentur arbeitete, kam auch Alec in den Freundeskreis dazu.

Zu dieser Zeit hatte ich mit Ansgar eine Band und wir machten Aufnahmen im Hansa Studio. Als Assistent am Mischpult saß Malcolm, und damit waren die späteren The BossHoss schon fast komplett.

## JUST PLAY

Es ist eine wahnsinnige Geschichte, wie schnell das damals alles ging. 2004 und 2005 spielten wir noch vor etwa 50 Leuten, und kurz darauf verkauften wir mehrfach die Columbiahalle aus. Ich habe das gar nicht gemerkt. Wenn ich auf der Bühne bin, spiele ich einfach. Wenn die Band zum Rollen anfängt, ist sie nicht mehr zu bremsen. Mich treibt vor allem die Lust am Spielen an. Deswegen habe ich auch gar nicht so genau gemerkt, was da links und rechts von mir passiert ist, wie die Bühnen immer größer wurden. Außenrum ist natürlich alles ganz anders geworden, allein schon die vielen Leute um uns herum, die sich um alles kümmern. Unsere Rahmenbedingungen als Musiker sind heute viel besser als in den Anfangstagen. Als wir keine Kohle hatten, war es wirklich schlimm. Manchmal waren wir so pleite, dass wir das Leergut einsammeln musste, um ein bisschen Kohle zu haben. Wir haben uns auf Tour den letzten Mist reingepfiffen, wenn wir Hunger, aber keine Kohle hatten. Heute legen wir viel mehr Wert als früher auf gesunde Ernährung.

## COOK IT UP!

Kochen hat bei mir generell einen sehr hohen Stellenwert. Ich koche gerne allein, da bin ich ganz bei mir. Wenn man professionell Musik macht, ist man ja ständig mit anderen Leuten zusammen, oft ist es laut und hektisch. Beim Kochen komme ich zur Ruhe. Ein Gericht zubereiten hat für mich auch etwas mit Musik, mit Komponieren zu tun.

Ich probiere gerne Dinge aus und versuche, meine Familie für Neues zu begeistern. Meine Tochter spielt da leider nicht so ganz mit. Da versuche ich dann schon mal, sie zu bestechen, damit sie Fisch isst. „Hier kriegst du fünf Euro, wenn du ihn isst." Klar, sie kann essen, was sie will, aber ich finde schon, dass man Schmecken lernen muss. Wenn man etwas gar nicht probiert, kann man auch nicht auf den Geschmack kommen.

## ART ON TOUR

Meine große Leidenschaft neben der Musik ist die Kunst, die Malerei, da fühle ich mich kreativ ebenfalls zu Hause. Ich kann eine Stunde vor einem Bild sitzen und mich völlig darin verlieren. Ich male auch selbst. Ich mache zum Beispiel eine Kollektion mit dem Thema „Lack und Leder". Leder, das sind die kaputten Felle, die bei mir als Perkussionist so übers Jahr anfallen. Daraus wird bei mir Kunst. Meine Bilder werden auch mit auf Tour gehen. So können sich die BossHoss-Fans einfach mal ein Bild angucken, ohne dafür in eine Galerie oder ein Museum gehen zu müssen.

### TOP SONGS:

Lionel Ritchie:
„Stuck On You"
(Wahnsinnssong!)

Paco de Lucia:
„Entre dos aguas"

Prince
(mein Mentor sozusagen):
„Sign o' the Time"

# DRINKS

Mit den Getränken beim Grillen ist das so eine Sache. Grillt man nicht gerade zu Hause im Garten und kann immer wieder zum Kühlschrank laufen, stellt sich oft die folgende Frage: Wie halte ich die Getränke schön kühl? Klar, Kühltasche geht immer, aber es gibt auch noch andere Möglichkeiten.

So kann man zum Beispiel einen Wäschekorb oder eine Wanne mit Eiswürfeln füllen und es den Getränken darin gemütlich machen. Grillt man irgendwo am Wasser, können Bierflaschen und Co. auch am Ufer ins seichte Nass gelegt, gestellt oder eingebuddelt werden. Vorausgesetzt, das Wasser hat eine entsprechende Temperatur! Klar kann man auch Wein beim Grillen trinke, aber seien wir ehrlich: Nichts geht doch über ein schönes kaltes Bier!

Wer Lust auf ein bisschen mehr Prozente hat, für den haben wir eine kleine Auswahl an Longdrinks getroffen, die zu einem Barbecue-Event passen.

# Summer Pitcher

Für 2 Personen

## ZUTATEN

- 10 cl Ballantine's
- 2,5 cl frischer Limettensaft
- 2,5 cl Lillet Blanc
- 40 cl Zitronenlimonade
- Eiswürfel
- Für die Garnitur: 1 zerschnittene Limette und ein paar weiße Weintrauben

Außerdem: Marmeladengläser

## ZUBEREITUNG

1. Ballantine's, Limettensaft, Lillet Blanc und Zitronenlimonade in einer großen Karaffe mit Eiswürfeln vermischen.

2. Mit Limettenstücken und ein paar Weintrauben garnieren und in einem Marmeladenglas servieren.

# Finest Cola

## ZUTATEN

- Eiswürfel
- 5 cl Ballantine's
- 20 cl Cola
- Orangenschnitz

Außerdem: Tumbler

## ZUBEREITUNG

1. Eiswürfel in einen Tumbler geben. Ballantine's hinzugeben. Mit Cola auffüllen.

2. Den Orangenschnitz leicht zerdrücken und ins Glas geben.

# Just BBQ

## ZUTATEN

- 5 cl Ballantine's
- 1–2 TL Ahornsirup
- Eiswürfel

Außerdem: Tumbler

## ZUBEREITUNG

1. Alle Zutaten auf Eiswürfel im Tumbler verrühren.

## Americano

Geschmack:
herb, leicht bitter, spritzig

### ZUTATEN

**4 cl Campari**
**4 cl Vermouth Rosso**
**ein paar Eiswürfel**
**kaltes Sodawasser**
**etwas Orangenschale**

### ZUBEREITUNG

1. Campari und Vermouth Rosso mit Eiswürfeln in ein Highball-Glas geben, mit Sodawasser auffüllen und leicht umrühren.

2. Mit Orangenschale abspritzen und diese dazugeben.

## Long Island Ice Tea

Geschmack:
stark alkoholhaltig

### ZUTATEN

**2 cl Tequila Silver**
**2 cl Wodka**
**2 cl Gin**
**2 cl weißer Rum**
**2 cl Curaçao Triple Sec**
**2 cl Zitronensaft**
**2 cl Orangensaft**
**kaltes Cola**
**Eiswürfel**
**Zitronenscheibe zum Garnieren**

### ZUBEREITUNG

1. Alle Zutaten bis auf das Cola in ein großes Glas auf Eiswürfel geben.

2. Mit beliebig viel Cola aufgießen und eine dünne Zitronenscheibe dazugeben.

# Zombie

Geschmack:
fruchtig, lähmend

**ZUTATEN**

**4 cl weißer Rum**
**4 cl brauner Rum**
**2 cl hochprozentiger Rum**
**2 cl Cointreau oder Curaçao Triple Sec**
**2 cl Grenadine**
**2 cl Maracujasirup**
**4 cl Zitronensaft**
**4 cl Orangensaft**
**4 cl Ananassaft**
**Eiswürfel**
**Ananasstück, Cocktailkirsche und Minzeblättchen zum Garnieren**

**ZUBEREITUNG**

1. Alles mit Eiswürfeln im Shaker schütteln und in einen Tiki-Totenkopf oder in ein großes Glas auf Eiswürfel abgießen.

2. Mit einem Ananasstück, einer Cocktailkirsche und Minze garnieren.

3. Dieses Rezept lässt sich beliebig variieren, man sollte jedoch auf die Ausgewogenheit achten. Nach zwei bis drei Stück weiß man dann, wie ein Zombie aussieht.

# Horse's Neck

Geschmack:
spritziger Whiskeydrink

**ZUTATEN**

**Bio-Zitronenschale (als Spirale geschnitten)**
**Eiswürfel**
**2 Spritzer Angostura**
**6 cl Bourbon Whiskey**
**kaltes Ginger Beer**

**ZUBEREITUNG**

1. In ein großes Longdrinkglas eine Zitronenschalenspirale und Eiswürfel geben.

2. Angostura und Bourbon Whiskey darübergießen und mit Ginger Beer auffüllen.

# IMPRESSUM



**Hinweis**
Die Ratschläge/Informationen in diesem Buch sind von Autoren und Verlag sorgfältig erwogen und geprüft, dennoch kann eine Garantie nicht übernommen werden. Eine Haftung der Autoren beziehungsweise des Verlags und seiner Beauftragten für Personen-, Sach- und Vermögensschäden ist ausgeschlossen.

**Bildredaktion und Leitung der Fotoproduktionen:** Sabine Kestler
**Rezepttexte:** Sonja Stötzel
**Musik- und Getränkeempfehlungen:** The BossHoss
**Schlussredaktion:** Susanne Schneider
**Projektleitung:** Dr. Harald Kämmerer
**Umschlaggestaltung, Satz, Innenlayout:** Christian Martin Weiss
**Projektkoordination:** Sophie Kammann @ Internashville GmbH, Management The BossHoss
**Projekt-Initiatorin:** Dominique Casimir (Executive Vice President Continental Europe Repertoire & Marketing @ BMG Rights Management GmbH)
**Videoproduktion:** Philipp Wolff & Team, Truemates GmbH

**BBQ Shooting**
**Fotografie:** Pascal Bünning
**Assistenz:** Luca Schnell
**Styling:** Dornhege Reyes
**Haare/Make up:** Stéphanie Bach

**Rezeptbilder**
**Fotografie und Styling:** Hubertus Schüler
**Foodstyling:** Stefan Mungenast
**Assistenz:** Benedikt Obermeier

**Live-Fotos S. 65, 66, 67, 148:** Philip Scholl
**Fotos Drinks Seiten 184 und 185:** Reinhard Rohner Fotodesign

**Alle Illustrationen/Grafiken**
Pixabay mit Ausnahme von Seite 16/17: istockphoto/FoxysGraphic

**Für die wunderbare Unterstützung während des BBQ Shootings danken wir:**
Sage Beach Berlin in der Köpenicker Straße 18–20, 10997 Berlin, im besonderen Anke Sauerteig und dem Küchenchef Christoph Diedrich
Eyk Thurman, Brand Ambassador Whisky Pernod Ricard Deutschland GmbH
Linda Quartey, Brand Manager Pernod Ricard Deutschland GmbH
Tom Schürcks, Fahrer des BossHoss-Trucks

Herzlichen Dank an Franz Brandl für die Cocktailrezepte auf den Seiten 184 aus seinem Südwest Buch Cocktail-Klassiker.

**Herstellung:** Elke Cramer
**Reproduktion:** Mohn Media Mohndruck GmbH, Gütersloh
**Druck & Bindung:** Mohn Media Mohndruck GmbH, Gütersloh

Printed in Germany

MIX
Papier aus verantwortungsvollen Quellen
FSC
www.fsc.org
FSC® C011124

Verlagsgruppe Random House FSC®N001967

ISBN 978-3-517-09862-3
1. Auflage 2020